聖書の「死と天国」

鈴木崇巨
Takahiro Suzuki

春秋社

はじめに

聖書は、人の死について、どのように語っているのでしょうか。
聖書は、天国について、どのように教えているのでしょうか。

この本の主題は、聖書が教えている「死と天国」についてです。「聖書から一ミリも離れないで『死と天国』を考えてみよう」というところから、筆者は考え始めました。あと数か月で八十歳になろうとする身で、この問題は切実な課題なのです。

死と天国について、人はそれぞれ思い思いの想像を働かせています。その想像は、時代や国や文化により違いがあります。信仰の有無にかかわらず「死と天国」については考えます。この書物は聖書を少しは知っている一般の日本人を読者対象に考えて記すことにしました。そのため、基本的な語句の説明も入っています。

死は神の手の中にあり、人間ではどうしようもありません。しかし、人は自分の死と死後のことについて考えることは許されていると思います。筆者は一般の仏教的・神道的な家庭で育ち、若くしてキリスト教の信仰を持ち、五十年ほど牧師として働きました。聖書の教えを中心にしていますが、同時に五十年間の説教者としての経験が加わっていると思います。

聖書は『聖書』（新共同訳、日本聖書協会発行、一九九三年）によっています。また、カトリック教会の『続編つき』（一九八七年）を一部参考にしています。

聖書の「死と天国」

目次

聖書の「死と天国」

第Ⅰ章　死

第1節　死は人の定め

すべての人が死にます

聖書では、「人の一生は百二十年」（創六・三）と言われています。今、日本の巷では「人生百年時代」と囃し立てられています。齢七十九になる私は、あと何年いえ何日生きるのでしょうか。

アダムは九百三十年、その子孫たちも七百年とか九百年も生き、第十代目にあたるノアは九百五十年も生きたと聖書に書いてあります（創九・二九）。聖書学者によれば、なぜ彼らがそれほど長命であったと記されているのかは、まったく分からないそうです。つまり、この聖書の言葉の年齢やその表現方法に関する聖書学的な解釈は一定していないのです。

人間の脳は、大脳生理学上、二歳ころまでは、自分が死んでいくことが分からないそうです。言い換えれば、二歳ころまでに死ねば、悲しみを知ることなく死にます。脳がそれらを判断するまでに達していないからです。ただかわいそうなのは両親です。特に、母親には人々の慰めの言葉すら耳に入らないことでしょう。

ラマで声が聞こえた。
激しく嘆き悲しむ声だ。
ラケルは子供たちのことで泣き、
慰めてもらおうともしない、
子供たちがもういないから。

（マタイ二・一八、エレミヤ三一・一五）

これは難産で死んでいったラケルという母のことを歌っている古歌の一節と言われていま
す。ラケルという女性が死んだ地方はラマと呼ばれていました。それで「ラマ村で母親ラケルの泣く声が聞こえる」とここで歌われています。地上のあちらこちらには、多くの女性にとって、子をなくした慟哭《どうこく》の地があります。

三歳までに夭折《ようせつ》する子がときどきいます。その子は母の胸に抱かれながら、眼から一滴の涙を流し、安らかに永遠の眠りにつきます。その涙は悲しみの涙なのでしょうか。

九十九歳で平安に死ぬ人もいれば、紛争地域でわずか四歳で一瞬にして爆死させられる子もいます。かつての日本には、死ぬことが分かっていて、戦地に赴く大勢の青年がいました。彼らの最後の言葉は、「お母さーん」と叫ぶ声だったそうです。筆者の二人の親友の父はそれぞれそのような戦没者となった親でしたが、どちらも亡くなった時はまだ二十四歳の青年でした。一人はマラリヤに感染した戦病死でした。筆者の友人は二人とも父親の顔を覚えていません。現代では、まさか、今日、自分が交通事故で死ぬとは思わず、いつものように家を出る人がいます。だれも自分の死ぬ時を知っている人はいません。

筆者の父も祖父も五十代で亡くなり、母は常に「鈴木家の男は若死にする」と言っていました。長兄も姉も六十代で亡くなり、弟は五十代で病死しました。一人の兄が八十二歳で生きています。私が来年まで生きていれば、八十歳になります。本当に人のいのちは分からないものです。

人間にはいろいろな死に方があります。自分で自分の死を選ぶことはできません。聖書では自殺を禁じています。神は、「**殺してはならない**」（出エジプト記二〇・一三）と命じているからです。これは神の命令ですから、その理由はありません。神がいけないと言うことは、神がいけないという理由でいけないのです。これを旧約聖書の「律法」と呼びます。他の人の命を奪う殺人と自殺とは明らかに異なりますが、神から頂いた生きなければならない自分の命を奪うわけですから、聖書は自殺を認めていません。とは言っても、自殺する人々の多くは、精神的な病気の状態に陥り死んでゆくのですから、それを思うと誰でも胸を締めつけられます。残された家族の悲しみはいかばかりでしょうか。まして、残された遺族を責める人は誰もいません。牧師として筆者も悲しい思いを幾度となくしてきました。

二十歳になるある息子が、オートバイに乗って帰ってきて、いつものようにソファーの上にゴロっと横になり、「ああ疲れた」と言って突然死んでしまいました。家族は彼の死に気付きませんでした。心臓が突然止まる、いわゆる「突然死」でした。母も気づかず、いつまでも起き上がってこない我が子を、しばらく寝かせておいたそうです。筆者の知人であるその母親は、その子の遺骨を、十年以上も台所のテーブルの上に置いたままにしていました。母親の心がそうさせたのでしょう。

筆者の教会の信徒で、あと一か月で百歳になる祖父が、トイレに行きたいと言うので、自分の足で歩き、立ったまま用をたしました。用をたしている間、孫は、念のため、祖父の背後を支えました。祖父は自分の足で歩いてベッドにもどり、ゆっくり座り、ゆっくり後ろに倒れ、死にました。人はこのような死に方を「大往生を遂げた」と言います。その祖父は、病気らしい病気はもっていませんでしたので、老衰でした。多くの人は、やがて病気になり、そして死んでゆきます。聖書の中で、もっとも多くの奇跡を行ない、病人を癒したエリシャという預言者でさえ、最後には病気になって死にました。これは今から約二千八百年以上も前のことでした。

「エリシャが、死の病をわずらっていたとき、……。」

（列王記下一三・一四）

人は皆病気になって死にます。まだまだ、やる気満々の人がいても、「**心は燃えても、肉体は弱い**」（マタイ二六・四一）のです。この言葉は、イエス・キリストが語られた話の一節です。人間の心がしっかりしていて最期まで意識があっても、肉体は弱く滅んでゆきます。

地球上では、毎日、誕生と死が繰り返されています。どこの国でも、死は悲しみです。日本では、葬式のとき、遺族に「お悔やみ申し上げます」と言います。英語では、I share your sorrow と言います。直訳すれば、「私は、あなたの悲しみを共にします」ということになります。世界中どこに行っても、死は悲しいことです。聖書も同じです。

「あなたがたには自分の命がどうなるか、明日のことは分からないのです。あなたがたは、わずかの間現れて、やがて消えて行く霧にすぎません。」

（ヤコブ四・一四）

聖書の中には、「死ぬ日は生まれる日にまさる」（コヘレトの言葉七・一）とか、「すでに死んだ人を、幸いだと言おう。更に生きて行かなければならない人よりは幸いだ」（同四・二）というような句が少しはあります。しかし、聖書が死を幸いなものと見ているわけではありません。むしろ、死が幸いだと言っているような句の背後にあるものは、人間として生まれてきたことへの悲しみが漂っています。聖書においても、人の死は悲しむべきものとして考えられています。

死んだら終わり

旧約聖書の律法には、次のようにあります。

「どのような人の死体であれ、それに触れた者は七日の間汚れる。」

（民数記一九・一一）

イエスは、墓を汚れた場所として、たとえ話に用いました。

「外側は美しく見えるが、内側は死者の骨やあらゆる汚れで満ちている。」

（マタイ二三・二七）

旧約聖書の最初の五書（いわゆる「モーセ五書」・創世記、出エジプト記、レビ記、民数記、申命記）は、上述したように「律法」と呼びます。たとえば天地創造も律法の一つです。五書の中に書いてある六百十三個の戒律も「律法」と呼びます。（この数字はユダヤ教の各派によって多少異なります。）ようするに「モーセ五書」に書いてあることを、すべて「律法」と呼んでいます。これは旧約聖書のはじめの方の三百数十頁に当たります。律法がいかに大切なものであり、これこそがユダヤ教であると知っている日本人は多くいません。

たとえば、律法では、神が「聖《きよ》い」ので、民は聖くあらねばならないと教えています（レビ記一九・二）。神が聖いというのは、もはや人間がとやかく言うことのできない問題であり、初めから世界はこの神の聖さの上に立っているということになります。したがって、人はむやみに死体にふれてはならないと命令されています。コロナ禍において、死者に触れないように、遺族が火葬場にも入れず、遺骨だけを受け取った話を聞くと、遺体はけっして清潔なものではないと思い知らされます。律法とは、そういう種類の絶対的な教えです。中世のヨーロッパで「ペスト禍」のため多くの人が死にましたが、ユダヤ人の死者数が非常に少なかったのは、「律法」の教えを忠実に守り清潔にしていたからだと言われます。

現代の日本のお墓は清潔です。ほとんどの場合、火葬されるからです。骨は骨壺に入れられ埋葬されます。何年も経ってから、その壺を開けると、骨は黄色く小さくなっています。骨を入れていた壺の方が長持ちします。やがて壺も朽ち果てるはずです。「土に還《かえ》る」のは自然の理です。もし遺体を直接埋葬すれば、イエスが言ったように、外側はきれいな墓石で飾られていても、遺体に蛆が湧き、不潔です。それでも、時が経つと土の中に吸収されます。土には浄化作用があります。つまり、すべてがなくなるわけです。何千年も前の骸骨が発見されるのは、保存状態が良かったまれな例です。

どれほど苦労を重ねてきた人でも、死ねば何も残りません。筆者の家の近くに、歴史の教科書にも出てくるある有名な人物の墓があります。神社の社殿の裏手にあり、誰もそこに墓があるとは思わないような場所です。大きな墓苑のなかにある大きな石碑のある墓であっても、百年あるいは二百年も経てば、生きている人々から忘れ去られます。死んでしまうと、すべてが終わります。人の世は七十年ほどすると世代がすっかり入れ替わります。すべての人が忘れ去られる運命にあります。

死ぬ瞬間

聖書では、人の霊が肉体を離れる瞬間を死と言います。すなわち、人が死ぬということは、今まで地上でその人を生かしめていた「人の霊」が、体を出て、天に引き上げられる瞬間を指します。人の霊については後述します。最初の殉教者ステファノは、次のように叫び、死にました。

「主イエスよ、わたしの霊をお受けください。」

（使徒七・五九）

霊は体から出て行き、天国（神の国）か陰府《よみ》の国に行きます。陰府《よみ》の国については、後述します。人の霊がどのように造られたかというと、神が土の塵をこねて人の体を造り、そこに「神の息」を吹き込み、それが「人の霊」となりました。このことに関しては、多少の議論はありますが、大方の人は神の息が人の霊になったと考えています。このことは旧約聖書の初め創世記第二章に書いてあります。

パウロという人は、キリストの復活後に信者になった人です。熱心なユダヤ教徒でしたから、自分が肉体と霊によってできていることを当然のこととしていました。クリスチャンになった後で、神の霊や人の霊を強く意識していましたから、自分が生きていることより、自分の霊が「**この世を去って、キリストと共にいたい**」(フィリピ一・二三)と言っています。これは自分の霊が、体を離れて天国のキリストのところに早く行きたいという意味です。このような霊に対する現実的な理解なしに、聖書の死の教えを理解することはできません。

現代の医学では、死の確認は、心臓の停止、脳波の停止、瞳孔の確認によってなされるそうです。その瞬間から血の流れが止まり、人の体は腐り始めます。ですから、人は再び生き返ってはきません。これが人の死です。人の死とその瞬間について、現代の科学者たちは、一歩踏み込んだ研究をしました。それが臨死体験です。

臨死体験をした人々は多くいます。西欧の古典にも臨死体験をした人々がいました。近代の精神医学の分野では、巨人C・G・ユング(一八七五―一九六一年)も臨死体験をした人です。臨死体験に関して、アメリカではエリザベス・キュブラー・ロス博士の『死ぬ瞬間』(読売新聞社刊)やレイモンド・ムーディ博士の『かいまみた死後の世界』(評論社刊)などが有名です。彼らは科学的な研究をしました。死というものを恐ろしい世界に行くと思っていた人々に、死ぬことが、それほど恐ろしいことではないと教えました。

臨死体験を最初に本格的に研究したレイモンド・ムーディは、上記の『かいまみた死後の世界』の中で、ある人の臨死体験談を載せています。「わたしは自分の物理的肉体の外にいました。……別世界の居心地は、すてきでした。ですから、このままここにいたいというような気分になりました。……『そうだわ、戻って行って、生き返らなければ』と思い続けていました。そしてわたしは自分の物理的肉体に戻ったのです。……」（レイモンド・A・ムーディ・Jr.『かいまみた死後の世界』、中山義之訳、評論社、昭和六〇年、一〇六頁）。臨死体験をした人々は、大方「死はこわくない」と言います。とても気持ちの良い状態になり、明るく暖かい世界に導かれてゆくといいます。

たとえば、立花隆氏は、『死はこわくない』（文藝春秋社、二〇一五年）という本の中で、「死の間際、脳の中の辺縁系（情動、意欲、記憶などに関与している領域）の働きによって、人は白昼夢を見ているような状態になり、幸福感でみたされる」と説明しています。立花氏がどのような宗教を信じていたのかは知りませんが、両親がクリスチャンで、自身も教会学校に通っていた関係でしょうか、人の死に関しては深い関心を寄せています。その本の中で、ミシガン大学の脳科学者ボルジガン博士の研究を紹介して、臨死体験を「暖かい光につつまれるような幸福感」と説明しています。

自分が元気な時に死ぬ瞬間を考えると、生理的には恐怖を感じるかもしれません。しかし、大方の人間の場合、死んでいく人の意識は混濁し、おだやかな状態になります。ですから、人は自分の死を何も恐れることはありません。人間はみなこうして死んでいくことができます。しかし、よく考えてみれば、たとえ臨死体験をした人々の励ましに満ちた証言を聞いても、自分が死んでいく瞬間について語ることのできる人はいないはずです。なぜなら、死はもはや死後の世界であるはずですから。人は死を知る意識も経験もありません。臨死体験をした人々の経験は、私たちにとって励ましになり、「私も死んでいくことができるに違いない」と思わせてくれます。しかし、臨死体験は、やはり生者の体験の一つではないでしょうか。けっして死後の体験ではありません。人がどれだけ考えても、死後のことは分かりません。

九九・九%の人が地獄に行くのではないでしょうか

筆者は子供の頃、いたずらをした時に、祖母が親指を立てて「めー」と言い、「そんなことをすると、閻魔《えんま》様から舌をひきぬかれるぞ」と言ってしかられました。それは死んだ後になって裁かれるぞ、という意味だと感じていました。同じような「死んだ後に裁かれる」という感じを抱いている人は多いのではないでしょうか。悪いことをする者は、だれでも死んだ後に神さまとか仏さまによって裁かれるという意識を植え付けられているのではないかということです。大人になってから、人間社会には多くの罪があることを知らされ、死者は死後に裁かれるというような意識を持つのではないかと思います。

神から神の子として遣わされたイエス・キリストは、当時のガリラヤ地方（今はイスラエル国の一部）の中を巡回して、おもにたとえ話を通して人々に説教しました。イエスは、有名な「放蕩息子」や「迷子になった一匹の羊」のたとえ話を通して、神が放蕩息子を受け入れる慈悲深い父、迷子の羊を探す優しい羊飼いとして描かれています。どんなに罪深い人でも、神は悔い改めた人を赦し受け入れると教えました。

ところが、同じ聖書の中に、ダビデ王は三人の妻を持ち、そのうちの一人は部下の将兵を最前線に送り戦死させ、その妻を自分の妻にした男です。晩年には体が冷えないために若い女性をそばに寝かせて暖を取りました。ダビデの息子ソロモン王は、七百人の女性を王妃にし、三百人を側室にしました。彼らは、現代人から見れば、王権を用いて悪いことをした人物です。悪い人でも、死後、天国に迎えられているのでしょうか。二人の王は、ともに穏やかに死んでいます。

「ダビデは先祖と共に眠りにつき、ダビデの町（エルサレム）に葬られた。」
（列王記上二・一〇）

「ソロモンは先祖と共に眠りにつき、父ダビデの町に葬られ、その子レハブアムがソロモンに代わって王となった。」
（列王記上一一・四三）

「先祖と共に眠りにつき」という表現については、後述しますが、「先祖がいる神のところに行った」と理解できます。聖書の中に出てくる神は、この宇宙を創造し、今もそれを保持し、全能の力を持ち、取るに足りないような小さな人間に最大の愛を注ぐ神です。赦す神の方を見れば、無限とも思われる寛容な神です。しかし、なぜか人は神を恐れます。この気持ちは、一体どこから来るのでしょうか。人はだれでも「私は人生の中で、悪いことばかりしてきた。死んだら、神によって裁かれるにちがいない」と恐れます。「私のあの罪は赦されないのではなかろうか」と思います。そして、死を恐れます。ダビデは言いました。

「死と私の間は、ただの一歩です。」

（サムエル上二〇・三）

これは窮地に立たされたダビデ王が、死を目前にしたときの心境です。人が死を恐れるのは、神が死を恐れる者として人間を創造したからだと思います。聖書には、神は終末時に「最後の審判者である」（ヨハネ黙二〇・一二より）と記されています。人はだれでも自分が裁きの座に着かされるのを恐れます。信仰深い人でも、「死ぬのはこわくない」という人でも、人は皆死を避けたいはずです。それは生きているすべての人がもつ本能です。「ヨハネの黙示録」を読んでみると、天国に招かれていない人々、「生命の書」に名前が記載されていない人々の数が、非常に多いとあるではありませんか。人は自分の死を恐れ、また、死後において過酷な裁きを受けるのではないかと想像します。

第2節　聖書の「死の教え」

人は死んだら、その人の霊が天国か陰府《よみ》に行きます。死後に行く場所として、天国と陰府《よみ》の中間はありません。日本では、イタリアの詩人ダンテ（一二六五～一三二一年）の『神曲』が有名で、キリスト教には煉獄《れんごく》という中間の場所があると思っている人が大勢います。煉獄とは、死後に罪が浄化されるまで、死者の霊が苦しみを受ける場所を指していますが、それはカトリック教会の独特の教理で、聖書には書いてありません。カトリック教会が採用している「旧約聖書続編　マカバイ記Ⅱ」の一二章三八―四五節において、煉獄について想像を膨らませようと思えばできる箇所があるにはあります。そこでは、偶像を拝んだために死んだ人々がいて、その死者たちの罪が解かれるように、ユダという人が献金をしたということが書いてあります。カトリック教会は、この箇所から想像を膨らませすぎていると思います。ほとんどのプロテスタント教会は煉獄思想に反対しています。

聖書では、死後の世界は天国と陰府《よみ》だけがあります。たとえば、次の文章です。

「天に登ろうとも、あなたは（神は）そこにいまし、陰府《よみ》に身を横たえようとも、
見よ、あなたはそこにいます。」

（詩一三九・八）

人は死後、その人の霊が天国か陰府《よみ》に行きます。陰府《よみ》とは、神（「主」という名の聖書の神）を信じなかった死者が行く世界のことです。神が永遠に生きているので、霊を持つ人間は死んでも生きています。ここがある日本人にとっては、分かりにくい点です。聖書では、神が過去も現在も未来も、永遠に生きています。さらに、神の存在はとても身近なことです。その身近さが、ある日本人にとっては分かりにくいと言えるかもしれません。

たとえば、聖書の神を信じている人は、毎週、教会でその神を礼拝し、毎日、目の前に生きている神に祈っているので、その神が生きていることを強く意識します。そのため、生死の一線を越えても、死者が天国か陰府《よみ》に生きているという感覚を強く持ちます。これは他の宗教がそうではないと言っているのではありません。筆者の知る限り、これはキリスト教に

かぎらず、他の宗教を信じている人々も同じような感覚を持っていると思います。ただ、聖書の神を信じている人々が、死後の生を非常にリアルに感じているということです。

死んだ後の世界は、物質の世界ではないので、この宇宙のどこかある場所と考えない方がよいと思います。聖書によれば、そこは神の国かあるいは陰府《よみ》の世界です。そこはこの宇宙のどこかではなく、別の世界、すなわち次元の異なる世界です。死者はそこで生き続けます。

ある日、イエスは天国の様子についての質問に答えて、「**あなたたちは、思い違いをしている。復活の時には、めとることも嫁ぐこともなく、天使のようになるのだ**」（マタイ二二・二九―三〇）と言いました。人間は、死後の世界をこの世の延長線上に考えますが、そこは地上の人間の考えの及ばない別の世界です。イエスが言っているように、地上の人間は「思い違い」をしてはならないと思います。死んだ後の状態について、地上の人間が、地上の考え方であれこれ想像しても始まりません。人間の体は地上の死で終わります。霊だけが死後の世界に行きます。つまり、聖書の死後の世界は、天国にしても陰府《よみ》にしても、この世とは異なる、まったく別の世界なのです。

「死んでみなければ分からない」、それが律法の教え

「隠されている事柄は、我らの神、主のもとにある。」

（申命記二九・二八）

聖書はなんと分かりにくい表現をとるのでしょうか。一体、この句を読んで、何人の人がすぐに理解できるでしょうか。この句が言いたいことは、「神のもとには、われわれの知らないことがたくさんある」ということです。死はその一つです。なぜ死ぬのか。いつ死ぬのか、死んだらどうなるのか。神は本当にいるのか。宇宙はなぜできたのか。なぜ私は男なのか、女なのか……などなど、人間には分からないことがたくさんあります。それらを「隠された事柄」と言っています。人間の死は、まさに人間には隠されている事柄です。神は人間の死への心配を軽くあしらっているのではありません。神は天地の創造者であり全能者ですから、人間に分からないことがあっても当然だということです。

まず、この言葉が出て来る背景を聖書の中に探ってみましょう。

多くの人は、旧約聖書を膨大な書物だと思っています。しかし、重要な部分は、最初の五書です。その部分は、日本語の『聖書』でもわずか三百頁余です。上述したように、この部分を「律法」と呼んでいます。全旧約聖書のわずか五分の一程度の長さにすぎません。この五書を別名「モーセ五書」（英語で「ペンタトューク」）と呼んでいます。ここに書いてあることが、旧約聖書の土台になっています。

もし、あなたが土曜日にユダヤ教の会堂に行き、礼拝に参列してみれば、人々が「モーセ五書」（律法）を学び、神を賛美している様子を見ることができます。筆者はイスラエルに旅行したとき、二度、土曜日にユダヤ教会堂へ行き、その礼拝に参列しました。彼らは新しく参列してくれる人々を歓迎してくれます。ユダヤ教会堂の正面のカーテンで仕切られた奥に、立派な巻物が置いてあります。それが「モーセ五書」あるいは「律法」と呼ばれるものです。全旧約聖書の一部に過ぎませんが、この部分だけを特別に巻物にしているわけです。信者の代表と思しき人が、それを受け取り、堂内を一周します。参列者の幾人かが、巻物に向かって投げキスをします。「モーセ五書」（律法）こそが「わが命」だからです。それを読み、その説教を聴き、神を賛美し、祝います。それがユダヤ教の礼拝です。ユダヤ教会では、旧約聖書のすべてを大切にしていますが、礼拝は、特に「モーセ五書」を中心に構成されています。

律法は神から来た直接の「教え」です。人は五才から土曜日ごとに「律法」を学び始め、十二、三才まで、律法の徹底的な訓練を受け、成人式を迎えます。その後も死ぬまで「律法」を学び続けます。家庭でも、社会でも「律法」に沿った生活をします。「律法」の一節を唱えながら死ぬことができるならば、まさに本望です。旧約聖書のほかの文書とは、格が違います。「格が違う」とは、けっして旧約聖書の他の部分を軽く見ているのではありません。「モーセ五書」がどれほど重要なものであるかをお分かりいただくためです。上記の「隠された事柄」という言葉は、その「モーセ五書」の中の重要な一節なのです。

ところで、「律法」とは、なんと古めかしい言葉でしょうか。その言葉を聞くだけで、若者は離れていきそうです。「律法書」のことをヘブライ語では「トーラー」といいます。「トーラー」とは、単に「教え」という平易な言葉です。これを「律法」という難しい日本語に翻訳したのは、多分、畏れ多き神から来た直接の教え、という意味を含ませたかったからだと思います。これは何事も難しい表現にすると権威を感じさせるという日本語の特異性だと思います。ヘブライ語や諸外国語では、単に「教え」とか「原理（法則）」と訳されています。日本語の聖書でも初めから「律法」と訳さないで「神の教え」とでも訳しておいてくれれば、どれほど日本人に旧約聖書を親しみ深いものにしてくれたことでしょうか。

律法の中には、この世界のいろいろな原理的なことが書いてあります。盗むな、殺すな、ウソを言うなという基本的なことはもちろんですが、現代の新しい問題にも応用されるような原理があります。たとえば、現代のコロナウイルスのような伝染病に罹った人は隔離しなければならない、と教えています。

「（重い皮膚病の人は）独りで宿営の外に住まねばならない。」

（レビ記一三・四六）

ここで語られている「重い皮膚病」とは伝染病の一つです。律法が書かれた時代から、つまり紀元前一三〇〇年という昔から伝染病はありました。また、コロナ禍から人類を守るためには、隔離政策以外にないことを教えています。地球上のすべての国が、ロックダウンや都市封鎖、外出禁止などでコロナウイルスの封じ込めをしていますが、この背後には律法の教えが実施されてきた人類の長い歴史があります。

また、筆者が小学生の頃、戦後の貧しい時代でしたが、日本でも学校にプールが造られ始め、フェンスがないため幼児がプールに落ちて亡くなるという事故がありました。幼児から目を離した母親（その頃、結婚した母親は多くの場合家にいた）が悪いのか、十分な安全策をとっていなかった学校側が悪いのかで論争がありました。最終的には、危険な製造物の責任を定める法律も制定されるなどして、危険なもの（プールなど）を作った側（学校側）に責任があるということが明確化されました。これはヨーロッパの国の法律を参考にしたと聞いています。ヨーロッパの国の法律は、旧約聖書の律法を参考にしたものです。律法には、危険なものを作った場合、それを作った側に責任があり、利用者の責任ではないとされています。その教えは次の戒律です。

「家を新築するならば、屋根に欄干《らんかん》（柵）を付けねばならない。」

（申命記二二・八）

これは雨の少ない地方のことで、屋根が平らで物置代わりにしていたところから来ている教えでした。屋上から人が転落した場合、転落した人が悪いのではなく、その家の所有者（家を建てた人）に責任があると言う教えです。そのほか、人の噂を流してはならない、賄賂はいけない、労働者の賃金はその日のうちに払えなどの教えもあります。これらが「律法」の教えです。日本では、「目には目を」（出エジプト二一・二四）という教えが復讐を是認しているように誤解されていますが、本当は過剰な科料を禁止している教えです。すなわち、目をやられたら相手の目だけにして、命まで奪ってはいけないという教えです。

ユダヤ人は、このような神の教えと、ものの考え方の原理を幼少のころから、しかも二千年以上も前から学んでいました。このような原理的な律法の教えは、今も生きています。ユダヤ教徒、そしてキリスト教徒にとっても、律法は永遠不滅の教えです。もちろん、豚肉を食べてはいけない、というような教えは、後の新約聖書に記されているように、イエス・キリストの十字架によって乗り越えられました。すなわち、イエスの十字架の話を一度でも聞けば、十字架刑が印象深いので、神が人を愛しているということを生涯忘れません。もはや婚礼や葬儀において豚肉を食べても他民族の神々になびくことはなくなりました。このような考え方を「十字架によって乗り越えられた」と言います。このようにして、多くの原理的な教え（律法）は今も生きています。

このような背景のもと、聖書によれば、神は全能者であり、それに比べて人間は本当に小さな塵のごときものに過ぎません。宇宙の広さに比べれば、人の知恵はどこまで行っても僅かなものに過ぎません。同じように「死」は、人間にとって永遠に分からない事柄です。なぜ人は生まれ、死ぬのでしょうか。死んだ後、どうなるのでしょうか。それは神の内に隠された事柄です。現代の社会は、人間には分からないことがたくさんあることをもう少し教育すべきではないでしょうか。

筆者は人間の愚かさをことさら強調したいのではなく、初めから、死は難しい問題であり、人の目に隠されている事柄だと言っているだけです。人がどれだけ死について他人に説明しても、「わたしの知ったことではない。一昨日やって来い」と言い返されます。死んだ後どうなるのかを、賢者がどれだけ説明しても、「お前は死んだことがあるのか。死んでみてから話してくれ」と言われるだけです。たとえ最後に、神が人に言い聞かせたとしても、人は「私はそれを信じない」と言って終わりにします。人間の死とか死後の世界について何を語っても、人間の理解を超えています。それが上述の聖句「隠されている事柄は、我らの神、主のもとにある」という神の教えです。

考えてみれば、旧約聖書の律法とは、今、現に、生きている人のために、この世でいかに生きるべきかを説く生者のための教えです。死後のことは、「隠された事柄」なのです。

旧約聖書には、死者が「天国に行った」という表現はありません。「先祖の列に加えられた」という表現が採られています。天国に入れていただけるどうかは、「隠された事柄」であり、ただ神のみぞ知ることだからです。人は微小な土の塵によって造られた者ですから、神の権能にまで立ち入ってはけっしてならないのです。唯一の神、全能の神を信じる旧約聖書の人々にとっては、「先祖の列に加えられた」という表現が精一杯です。

日本人は、死ぬことを、人生の終わりとして考えている人が多いと思います。ところが、聖書では、神は今も「生きている」ことを前提にしていますから、神の息を吹き込まれた人間は、死んでもどこかで生きているのは当たり前のことだと考えています。旧約聖書において、死んだ先祖たちが、今どのような生活をしているかを書いていません。そもそも、死とか死んだ後のことは、人間には分からないこと、また想像すらできないこと、想像だにしてはならないこと、つまり「隠された事柄」ですから、死後の生活を書くわけがありません。

せいぜい書くことが許されるとするなら、「先祖の列に加えられた」と表現する以外にないでしょう。つまり、この表現が出て来た背景には、神の偉大さに対する人間の畏敬の気持があります。

人間は神の決定（律法）に対して文句が言えないという考え方は、ほかにもあります。例えば次の句です。

「主を試してはならない。」（申命記六・一六）

なぜ人の目に「隠された事柄」があるのかというような質問すら、主を試すことになるので、人には許されていません。死を前にして、人にはただ沈黙しかありません。ただ神の思し召しのままに従う以外にないのです。それほど神は権威者なのです。これが神への旧約聖書の信仰です。もちろん、「先祖の列に加えられた」人々は、神の国に加えられた人々でしょう。創造者であり全能者である神（主）が、神を信じて死んだ人々をそのままにしておくとは考えられません。神を信じなかった人々は陰府に行ったと考えたのでしょう。しかし、旧約聖書の中に詳しいことは書いてありません。それは神が決めることですから。

「死人のことは死人に任せよ」、これがイエスの教え

イエス・キリストはユダヤ人でしたから、五歳から「モーセ五書」を教えられ、死が隠された事柄であることを知っていました。そして、イエスは旧約聖書と同じことを言いました。

「死んでいる者たちに、自分たちの死者を葬らせなさい。」

（マタイ八・二二）

死んでしまった者は、生きている者の手から離れたのですから、あなたは生きている自分の心配をしなさい、死人のことは死人に任せなさい、という意味です。旧約聖書の律法も新約聖書のイエスも、今、現に、生きている人の生き方を教えました。

『聖書』は、常に生者のための神の言葉です。死者のための教えではありません。死は隠された事柄ですから、死について詳しく語りません。生者にとっては、死は無限の彼方、想像すらできない世界、つまり「別の次元の世界」のことです。次元の異なる世界のことを話

しても、人間には分からない世界です。イエス自身が次のように嘆いています。

「わたしが地上のことを話しても信じないとすれば、天上のことを話したところで、どうして信じるだろう。」

（ヨハネ三・一二）

バプテスマのヨハネが、自分の弟子を通して「イエスよ、あなたが本当に神の子なのですか」と尋ねて来た時に、イエスは「はい、そうです」とは答えないで、「目の見えない人が見えるようになっています……」（ルカ七・二二）と答えました。人間というものは、目の見えない人が見えるようになっていると言う奇跡を目の当たりにしないと、奇跡というものを信じないし、イエスのことも信じないでしょう。しかし、さすがバプテスマのヨハネです。彼はイエスのこの返事を聞いて喜びました。目の見えない人が癒されているということは、現実に神の子が来たということを言い表すからです。

イエスは神の国（天の国）について、それがどのようなところであるかを暗喩的にだけ語りました。すなわち、そこは「すばらしい所だ」と言いました。

「天の国は次のようにたとえられる。畑に宝が隠されている。見つけた人は、そのまま隠しておき、喜びながら帰り、持ち物をすっかり売り払って、その畑を買う。」

（マタイ一三・四四）

「天の国」はこの世の財産を全部手放しても、手に入れたいと思う程のものだと、イエスは言いました。人が死ねば、まったくこの世と比較できない異次元の世界に行くわけですから、この世の言葉で表すことができません。したがって、「……のようなものだ」とだけ言いました。たとえイエスでも、死について、また神の国（天の国）について具体的に説明しようとしませんでした。たとえ説明したとしても、人間が想像すらできないことを言っても、どうして理解することができるでしょうか。聖書は、今、現に、地上に生きている人に、この地上をいかに生きるべきかを教えている書物です。再度言いますが、聖書は「生者のための書物」です。死んだ後、人は次元の異なる別の世界に行きます。生きている人よ、死人のことは死人に任せておきなさい。これがイエスの「死」の教えです。

使徒パウロも同じことを言っています。

「愚かな人だ。あなたが蒔くものは、死ななければ命を得ないではありませんか。」

（コリントⅠ、一五・三六）

現代人は種を蒔くという経験をあまりしません。蒔いた種は死んでしまったようになくなります。しかし、時が来れば、死んだはずの種から芽が出ます。人も死ななければ、死の世界は分からないことです。このパウロの言葉は冷たい言葉ではなく、神に任せなさいという信仰深い言葉なのです。

新約聖書では、「眠りにつく」という表現が出てきます。死について語る場合、通常「眠りにつく」とは、「死んだ」ことを言い表します。人は「死」という言葉を、あまり使いたくありません。それは地球上どの民族も同じだと思います。日本語でも「亡くなられました」、「天に召されました」と表現します。死んだ人のことを「物故者」などと言います。

聖書では、たとえば、ステファノという人が、最初の殉教者になりますが、その殉教の様子を「眠りについた」（使徒七・六〇）と表現しています。

「『主イエスよ、わたしの霊をお受けください』と言った。それから、ひざまずいて、『主よ、この罪を彼らに負わせないでください』と大声で叫んだ。ステファノはこう言って、眠りについた。」

（使徒七・五九―六〇）

この場合の「眠りについた」とは「天国に行った」という意味でしょうか。天国にいれていただけるかどうかを、だれが決めるのでしょうか。それは畏れ多い神の決めることではありませんか。罪人が聖なる神の領域に入ることは、けっしてしてはならないことです。たしかに、ステファノのような信仰篤い人の殉教ですから、「天国に旅立った」と言ってもいいでしょうが、聖書はそういう表現すら取らないのです。

旧約聖書には、地獄という言葉はなく、陰府《よみ》（ヘブライ語のシェオール）という言葉だけがあります。「陰府《よみ》」という漢字は、日本のキリスト教会の造語で、「よみ」と平仮名で表記している日本語訳聖書もあります。一般的な日本語の「地獄」と区別するためです。『広辞苑』では、「黄泉《よみ》」という漢字が使われ、「陰府《よみ》」という漢字はありません。「陰府《よみ》」とは、聖書の神を信じないで死んでしまった人々の生きている場所を指すための聖書の言葉です。

旧約聖書の陰府《よみ》は、地下にあると考えられていました。モーセに反逆した同じレビ族の中のコラ氏族が、神の裁きに遭い、生きたまま大地に飲み込まれたという事件がありました（民数記一六章）。飲み込まれて行った場所を陰府《よみ》と言っています。

「彼らと彼らに属するものはすべて、生きたまま、陰府《よみ》へ落ち、地がそれを覆った。」
（民数記一六・三三）

旧約聖書を読んでみると、陰府《よみ》は、地下にあり、暗く、静寂の国として描かれています。そこには、もはや地上の喜びや楽しみのようなものがありません。

「いつかは行かなければならないあの陰府《よみ》には、仕事も企ても、知恵も知識も、もうないのだ。」
（コヘレト九・一〇）

また、旧約聖書では陰府《よみ》という言葉だけではなく「死の国」、「死の部屋」、「滅びの穴」、「墓穴の底」、「滅びの国」などという表現も多くあります。このような描写は、旧約聖書だけではなく、当時の古代中近東の人々が死後の世界について考えていたことでした。砂漠もある地形・天候でしたから、死者の世界は水の少ない所、人の喉が渇く所として描写されています。すなわち、旧約聖書だけでなく、世界中のその地域・文化の背景によって、死後の世界の表現方法は異なっています。後に、旧約聖書がギリシャ語に翻訳されますが、そこでも同じような意味で陰府《よみ》というギリシャ語「ハーデース」が使われています。

他方、新約聖書の方に目を転じると、「ハーデース」（陰府《よみ》）という言葉と「ゲヘナ」（地獄）という二つの言葉が出てきます。たとえば、ある金持が、死んだ後、ハーデース（陰府《よみ》）に行き、貧乏人のラザロが天国に行ったという話（ルカ一六・一九―三一）があります。これは、イエスが旧約聖書の人々と同じように人間の死や死後の世界を表現していたことを示しています。しかし、紀元前一世紀ころより「ゲヘナ」（地獄）という言葉が出てきました。イエスの有名な説教の中に、この言葉が使われています。

「もし、右の手があなたをつまずかせるなら、切り取って捨ててしまいなさい。体の一部がなくても、全身が地獄（ゲヘナ）に落ちない方がましである。」

（マタイ五・三〇）

この二つの言葉、陰府《よみ》と地獄は、どのように違うのだろうかと、聖書を読む人を悩ませますが、大きな違いはないと考えるべきです。陰府《よみ》は「神を信じることなく死んだ人の住む世界」という穏やかな表現ですが、地獄は「火で焼き滅ぼされる世界」という恐ろしい意味が含まれる表現です。しかし、陰府《よみ》という言葉にも暗いイメージがありますから、両語には大きな違いがあるわけではありません。イエスは陰府《よみ》（ハーデース）も地獄（ゲヘナ）も両方の言葉を使っています。それらを厳密に使い分けているようには思えません。

地球上のすべての民族は考えるところが似ています。死者は死後裁かれること、また人が裁かれる恐ろしい所があるということです。このことは何を物語っているのでしょうか。やはり、死後の世界を、生きている人に説明することはできないということではないでしょうか。たとえ説明したとしても、人間には分からないことです。たとえ説明を分かったとしても、人は最終的に「わたしはそれを信じない」と言って終わろうとします。結論として言えることは、イエスが「死人のことは死人に任せよ」という印象深い言い方をしたのは、旧約聖書から連綿と続いている「すべてを神にまかせておけ」という信仰的な考えに基づいています。それは冷たい表現ではなく、神に任せておけば大丈夫という暖かい表現なのです。

死とは霊が体から離れること

人が「人間」について考えるときには、「霊と心と体」の三つに分けて考えます。聖書では、「霊・心・体」と三つに分ける場合と「霊・体」の二つに分ける例とがあります。たとえば、三つに分けている場合の例として、次の聖書の句があります。

「あなたがたの霊も魂（心）も体も何一つ欠けたところのないものとして守られますように。」

（テサロニケⅠ、五・二三）

他方、霊と体の二つに分けている場合もあります。

「わたしは体では離れていても霊ではそこにいて……」

（コリントⅠ、五・三）

霊と心と体の三つの違い、あるいは霊と体の二つの違いを厳密に理解することは、聖書を理解するうえで非常に大切なことです。この点を少し紛らわしいですが、非常に重要ですから説明します。

まず霊に関しては、創世記第二章が大変重要です。その第七節に、神が神の「息」を土の塊（人間の身体）に吹き込んで、人を「生きるもの」としたと書いてあります。生きる者となったということは動き始めたということです。その神の「息」のことをヘブライ語で「ネフェシュ」と言います。神の息（ネフェシュ）が「人間の霊となった」とは、聖書のどこにも書いてありませんが、創世記第六章以降では、それが人の「霊」（ルアハ）という言葉になって出てきます。筆者は「神の息」が「人の霊」になったと理解しています。多くのキリスト教徒、またユダヤ教徒、イスラム教徒も、同じように「神が息を吹き込んで、人は霊を持つ者になった」と信じています。ですから、霊が体から去って行けば死に至ります。霊は神の息ですから、神のもとに帰ります。すなわち、人が死ねば霊は天国へ、あるいは「陰《よ》府《み》」（天国に行けなかった人々の住む所）へ行きます。体は元の土に還り、やがて前節で語ったように消えてなくなります。

聖書では、「霊」という言葉は特別な言葉です。これは聖書だけの言葉です。旧約聖書では、「霊」のことをヘブライ語で「ルアハ」と言いますが、たとえば、旧約聖書の「サムエル記上」第一六章一四節で、「主の『霊』はサウルから離れ、主から来る悪『霊』が彼をさいなむようになった」という文章があります。サウルという人から霊（神の霊）が離れ、悪霊が彼の霊（人の霊）の中に入り込んできたことを言っている文章です。この三つの「霊」（神の「霊」、人の「霊」、悪魔の「霊」）という言葉は、共に「ルアハ」という同じ言葉なのです。その「霊」という言葉に「聖なる」を加えると聖霊になり、「人の」を加えると人の霊になり、「悪の」という言葉を加えれば悪霊になるだけです。ようするに、旧約聖書では「主の霊」も「悪霊」も「人間の霊」も「ルアハ」（霊）という言葉が使われています。

聖書によれば、人の周りに、目には見えない「霊の世界」があります。分かり易く言えば、大きな神の霊がまずあって、宇宙全体が動いています。その神の霊の中に、小さな、人の霊や悪魔の霊があります。これが聖書の言う霊の世界です。旧約聖書のこれらの「霊」という言葉は、すべて「ルアハ」というヘブライ語です。

「なぜ神は悪魔とか悪霊を造ったのだろうか」とふしぎに思う人がいると思いますが、本当に分からないことです。なぜ地震が起こるのか、なぜ大雨が降るのか、なぜ一部の蛇に毒があるのか……など、どれだけ考えても人間には分からないことがたくさんあります。分からないことは、どこまで行っても分かりません。それが聖書です。人間にとって、そのような矛盾を含んだまま、聖書は神が全能者であり、万物の創造者であるといいます。また、そのような矛盾を神の矛盾としていないのが聖書です。

さて、この旧約聖書のヘブライ語の「ルアハ」（霊）が、新約聖書になるとギリシャ語で「プネゥマ」になります。

「あなたがたの霊（プネゥマ）も魂も体も……」

（テサロニケー、五・二三）

「神を知る人は、……真理の霊（プネゥマ）と人を惑わす霊（プネゥマ）とを見分けることができます。」

（ヨハネー、四・六）

旧約聖書でも新約聖書でも霊はただ一つの言葉があるだけです。つまり、旧約聖書では「ルアハ」で、新約聖書では「プネゥマ」です。「霊」のことを語り始めると、すぐさま、ある人々は「あやしい世界」に入り込むと、警戒心を持ってしまいます。聖書は霊の世界があることを当然のこととしていますから、聖書を学びたい人は「霊」という言葉に慣れる以外にありません。筆者はこの点が非常に重要だと思っています。

霊の世界では、イエスが悪霊を追い出したり、悪霊が人の霊の中に入って来たりしています。人間の霊は神の霊と交流をもつことができます。使徒パウロは、ごく自然に、「**ご自分の聖霊を、あなたがたの内に与えてくださる神**」(テサロニケI、四・八)というような表現をとっています。つまり神の霊が人間の霊の中に流れ込むことを言っています。現在でも、神の霊がその人の霊の中に入り、多くのキリスト教徒が「異言《いげん》」というものを経験しています。

突然このような例を取り上げることを許していただきたいと思います。一九〇一年、アメリカのプロテスタント・キリスト教徒の中で、異言を語り始めるような経験をした人々が新しい運動を始めました。（このようなことは、キリスト教会の歴史の中で、しばしば起こったことです。）これが後に「福音派」と呼ばれるようになっていきます。キリスト教会の中の福音派というのは、他のキリスト教徒と異なる点が二つあります。一つは霊の働きを強調する点です。もう一つは聖書の教えをそのまま受け取る、いわゆる保守的な聖書解釈をする点です。これらのことは本題から離れますから、これ以上の説明を省略しますが、つまり福音派というのは霊の存在を非常にリアルに主張する人々です。

霊について少し分かっていただいた上で、では、心はどうなるのでしょうか。

心を言い表す言葉は、「心（ギリシャ語のカルディア）、魂（プシュケー）、思い（ディアノイア）」などたくさんあります。「悲しむ、喜ぶ、むかっとする、ぞっとする」なども心の動きです。これらと上述の「人間の霊」は、まったく関係がありません。

ところが、日本語には「霊魂」という厄介な言葉があります。この言葉は聖書の中にはありません。聖書では「霊」と「魂」とは、まったく関係のない言葉です。ここが多くの日本人にとって、聖書を分からなくさせています。「霊魂」という言葉は、悪魔が日本語に送り込んできた目眩《めくら》ましの言葉のようです。聖書では「霊」は神から直接与えられたもので、「魂」は人間の体（脳）の働き、いわば心の一つです。両語はまったく結びつく語ではありません。聖書では、霊は霊であり霊以外の何ものでもありません。すべての人には、その人の「霊」が独立して存在しています。霊と魂を峻別することが、キリスト教を理解するために大切なポイントになります。

「神の言葉は生きており……両刃の剣より鋭く、精神（魂、心）と霊を……切り離すほどに刺し通して……見分けることができるからです。」

（ヘブライ人への手紙四・一二）

この聖句の言おうとしていることは、神のことば（聖書）をよく分かるようになると、霊と精神（魂、心、思いなど）をはっきり切り分けることができるようになるということです。霊は霊であり、魂はいろいろある心の一表現にすぎません。

ある日本人は、心の奥深くをさぐるような個所を「魂」と呼んでいます。それが霊と深い関係にあると思っていますが、聖書においてはそうではありません。聖書では、「精神」あるいは「魂」（プシュケー）と「霊」（プネゥマ）とは別ものです。（英語では霊を spirit と訳していいます。魂は多くの場合 soul と訳していいます。両者は意味が違いいます。）人間の「霊」は神から直接来ています。「霊」は死ねば天に帰ります。「魂」は心の一部ですから死ねば土に帰ります。

霊と心の違いを曖昧にしている典型的な例は、日本語訳聖書の中にすらあります。有名な「心の貧しい人々は、幸いである」（マタイ五・三）という句は、多くの日本人が好む聖書の言葉です。しかし、聖書の原典には「心」という言葉は用いられていません。原典では「霊の貧しい人は幸いである」とありますが、それを「心の貧しい人は幸いである」と翻訳してしまいました。諸外国語の聖書は、すべて「霊の貧しい人は幸いである」と翻訳しています。つまり、霊を激しく求めている人こそが幸いであるという意味です。

なぜ日本語訳聖書は間違ってしまったのでしょうか。それは多分日本人の霊と心（魂、精神、思いなど）の曖昧な言葉使いから来ています。日本の明治時代の『聖書』、いわゆる文語訳聖書で、「心の貧しき者はさいわいなり」と翻訳してしまいました。そして、それが有名になり、日本人に好まれました。その後、日本において聖書の批評的研究が進んでも、もはや有名になってしまったこの響きの良い翻訳文を変更することが出来なくなってしまったのだと筆者は思っています。これは大変悲しいことですが現実です。

さて、話を先に進めます。人の霊は神のもとに帰り、神の国にふさわしい、新しい体を与えられます。この点も日本人にはあまり知られていません。神の国の体が、どのようなものなのかは、この世の人間の知恵では、及びもつかいもので想像すらできません。地上に体があったように、天国に行けば、天国の体が与えられるというのが聖書の教えです。

「自然の命の体（地上の体）があるのですから、霊の体（天国の体）もあるわけです。」

（コリントⅠ、一五・四四）

死によって「霊」は天国か陰府《よみ》に行き、「体」は土に帰ります。天国に行った各人の霊は、地上の自分を識別できます。ところが、ある人は「霊」も「心」も本当の所よくわからないから、どちらでもいいではないか、と言います。それは違います。霊と魂（心、精神、思いなど）の違いを分かることが、聖書理解の分水嶺になりますから、ぜひ理解していただきたいと思います。霊は霊であり霊以外のなにものでもありません。この点さえわかれば、聖書理解において長足の進歩です。

最後にもう一度まとめると、霊は聖霊と人間の霊と悪霊の三つがおもに聖書の中に出て来るだけです。人間の霊が体（心を含め）から去って行くことを死といいます。長い説明になってしまいましたが、聖書を理解するために重要な点といえます。

アダムの罪、そこに悪魔が働き、死がある

人間の死は、アダムの罪に原因があり、そこに悪魔が働き、死に至らしめると言うのが聖書の教える根幹です。悪魔は一人ですから単数で、その悪魔の手下が無数にいる悪霊です。いわば悪魔が親分で、悪霊は彼の実働部隊というと分かり易いと思います。聖書では、悪魔も悪霊も厳密な区別をつけないで用いられています。

人間はなぜ罪の性質をもって生まれてくるのでしょうか。この素朴な疑問に答えるのが「アダムとエバ」の物語です。創世記第三章に簡単なそして印象深い物語として出てきます。エデンの園には罪というものが一切なく、そこは麗しい天国のような園でした。そこにはけ

っして食べてはならないと神から命じられていた一本の木があり、実をならせていました。アダムの妻エバは、自分に食べることをそそのかす蛇（悪魔）に向かい、食べたら「死ぬ」と神に言われているから、と言って最初のうちは断りました。しかし、おいしそうな果実を見て、食べてしまい、罪が入り込んできました。アダムもエバにならい食べてしまいました。この分かりやすい「アダムとエバの話」を、人間に「罪の性質」が入ってきたものとして教えています。それを「原罪」または「アダムの罪」と呼んでいます。

創世記の冒頭にあるエデンの園の話やノアの洪水の話など、創世記の第一章から第十一章までの話は、歴史的な検証に耐えることができません。それは非常に旧い時代であり、多くのキリスト教徒は、これらを「歴史以前の時代」とか「先史時代」と位置付けて理解しています。つまり、神が人間に教えたものを言い伝えて来たものとして理解しています。つまり、創世記第一二章以降、新約聖書の終わりまでは、現実の歴史の中で起こったことですが、天地創造などの創世記第一一章までは「言い伝えられてきたもの」ということです。

エバもアダムも、食べた瞬間には、死にませんでしたが、人の中に「死」というものが入り込んできました。これが人間の死の起源です。つまり、罪が死の原因です。

「一人の人（アダム）によって罪が世に入り、罪によって死が入り込んだように、
死はすべての人に及んだのです。」
（ローマ五・一二）

たとえ長命を与えられても、人の命は百二十年が限度です。

「わたしの霊は人の中に永久にとどまるべきではない。人は肉にすぎないのだから。
こうして、人の一生は百二十年となった。」
（創世記六・三）

すべての人が、アダムの罪の性質を受け継いでいるので死にます。したがって、人はその原罪のゆえに遅かれ早かれ死にます。これが聖書の教えです。人間は生命力を持っています。神は人を最後まで生き抜こうとする者として創造しました。生きることは人間の本能です。しかし、原罪のゆえに、人は必ず死にます。

「早く死にたい」というような言葉が、聖書の中にないわけではありません。王妃に嫌われ、殺されそうになったエリヤという預言者は、一日中逃げ続け、ある大きな木の下で、「神よ、もう十分です。わたしの命をとってください」（列王記上一九・四）と言いました。何かをなそうとして一生懸命働いてきた人の中には、エリヤのように「ああ、もう死んでしまいたい」と言う人がいるかもしれません。人間は疲れると死にたくなるものです。しかし、それでも人は生き続けます。人には生きようとする本能があります。エリヤはこの後も神を信じつつ生きました。神から与えられた命ですから、自殺は認められていません。人は与えられた生命の続く限り生き続けなければなりません。

人は歳を重ね、やがて自分の死を受容し始めます。筆者の父は五五歳で、突然、脳溢血《のういっけつ》で亡くなりました。そのとき、十一歳であった筆者は、父が歳をとっていたから病気で突然死んでもやむを得ないことだと思いました。今振り返れば、父はまだ若かったのですね。どんな親でも、子は親の死に遭遇した時、「自分もいつか親のように死ぬことができるのではないか」と思います。親の死は、子にとって死を受容し始める教育機会のようです。

自分がもうじき八十歳をむかえようとしている今、六十歳のころの自分は若かったように思います。七十歳の友人が亡くなったとき、筆者は決して早かったとは思いませんでした。むしろ友人がよく頑張って生きぬいてきたと思いました。年齢と共に、人は自分の死について受け止め方や考え方が変わるものです。しかし、いずれにしても、人は死を迎えなくてはなりません。人は多くの苦労によって体と精神が弱くなり、病み、高齢になって死を迎えます。これも最終的に人間がアダムの罪を引き継いでいるからです。

「人間は生まれれば必ず苦しむ。」
（ヨブ記五・七）

「人生は短く、苦しみは絶えない。」
（ヨブ記一四・一）

人生に苦しみがあるのも原罪の故です。生きることは苦しみです。聖書に登場してくるすべての人が何らかの苦しい生涯を歩んでいます。そして、死にます。人が死ぬのは、原罪の故だけではありません。聖書では、そこに悪魔の働きが重なります。この二つが、聖書が教える人間の死の原因です。突然のように悪魔が出てきますが、聖書から悪魔を除いて語ることができませんから、少し悪魔について説明します。

ある青年が交通事故で亡くなりました。即死でした。加害者も亡くなりました。人間は原罪をもっていますから死にます。交通事故を根絶するために、いろいろな工夫がなされなくてはなりません。しかし、もし万一その青年が一秒遅く家を出ていれば、事故に遭遇することはなかったかもしれません。加害者が黄色の信号機の所で止まっていれば、事故は起こらなかったでしょう。悪魔が働いたと考えます。人間が原罪をもっているために、死は存在します。しかし、人が死ぬ瞬間は、そこに死をつかさどる者、つまり悪魔が働き、人を死にいざないます。聖書によれば、死の根本原因は原罪であり、死に至らしめる力は悪魔です。悪魔が働いて人が死に至るという表現は、理解しがたいことかもしれませんが、これが聖書の語るところです。

神はなぜ悪魔を創造したのでしょうか。それは、まったく聖書の中に書かれていません。悪魔は、突然、創世記の初め、第三章に蛇として出てきます。その後も旧約聖書では「サタン」と呼ばれてしばしば出てきます。サタンはヘブライ語です。聖書では、サタンの出現の理由は出てきません。聖書の最初から、たしかに存在する者として出てきます。もちろん、神が万物を創造したのですから、サタンも神によって造られたものです。出現の理由は書いてないのですが、暗示している箇所がないわけではありません。もっとも有名な箇所は、イザヤ書第一四章一二節です。「明けの明星、暁の子よ。どうしておまえは天から落ちたのか」という文章があります。ようするに、天使のひとりが、神に反抗して、天から地に追放され、悪魔になってしまったと暗示しています。キング・ジェイムズ訳という英語訳では、「明けの明星」を「ルシファー」という語に翻訳しています。すなわち、天使の一人が悪魔つまりルシファーになってしまいました。最近、日本でも、悪魔のことを「ルシファー」と言う人がいますので、余談になりますが、「ルシファー」という言葉について説明を加えます。

キング・ジェイムズ訳というのは、一七世紀に英国の王ジェイムズ一世の命で翻訳された聖書で、日本語訳「文語訳聖書」のように名文で、現在でも使われている有名な英語訳聖書です。（日本語で「欽定英訳聖書」と呼ばれています。）そこで「明けの明星」を「ルシファー」と訳しており、「ルシファー」という言葉が、悪魔を指す言葉として世界的に有名になりました。英語の「ルシファー」とは、「金星」また「サタン」のことです。日本語で、「金星」と「サタン」とは結び付かず、私たち日本人にとって明けの明星である金星は麗しい意味で使われることが多いと思います。

現在のほとんどの英語訳聖書では、「ルシファー」と訳さないで「明けの明星＝金星」と訳されています。しかし、キング・ジェイムズ訳聖書の影響で、天使の一人が天から地に追放されてサタン（悪魔）になった者を「ルシファー」と呼ぶ人がいます。つまりルシファーとは悪魔のことです。ただ多くの日本人には「ルシファー」という言葉になじみがありませんから、筆者は「サタン」あるいは「悪魔」という言葉を用いることにします。

この悪魔の働きによって、人間は死にます。「ヘブライ人への手紙」第二章一四節において、「**死をつかさどる者、つまり悪魔**」とはっきり言っています。ようするに、人間が死ぬのは、人間が原罪を持っているだけではなく、ある日ある時、悪魔が働き、その人を死に至らせるということです。聖書の教えによれば、人間の死は原罪と悪魔という二つの原因によっています。

サタン・悪魔について、もう少し説明を加えます。

新約聖書では、サタン（悪魔）のことが、ベリアル（コリントⅡ、六・一五）とかベルゼブル（マタイ一二・二四）と呼ばれることがあります。サタンを指す言葉がいくつもあるのは、聖書が長い歴史の中で書かれているため、その時代その時代によって、また書き手の環境によって悪魔の呼び方（言語）がいろいろあるからです。

また、悪魔は人より賢い者です。創世記第三章一節に、悪魔は、野の生き物のうちで、ほかのどれよりも賢かった、と紹介されています。たとえば、人類の歴史において虐殺事件や不幸な出来事が起こりました。それらは長年にわたり、巧妙に人々を欺いた悪魔の仕業と考えられます。悪魔の知恵は、人間の知恵をはるかに超えています。ときには、悪魔は光の天使を装って人に近づきます（コリントII、一一・一四）。ですから、悪魔の賢さに、人間はかないません。悪魔は、時には、ナチス・ドイツのように巨大な政治的な働きをし、人類の歴史を変えます。また、時には、小さな村で、一人の若者に働きかけて殺人事件を起こします。笑みを浮かべ、美しい顔をしている悪魔もいます。しかし、神の知恵は、悪魔の知恵よりははるかに賢く、その神の知恵により諸事万端が整えられて世の中が回っています。つまり、悪魔は神による被造物の一つで、神の前では愚かで微小な者にすぎません。しかし、人は人生の最後において、その悪魔の微小な力によって心臓が止まり死に至ります。

聖書では、死をけっして有終の美のように扱っていません。死は忌むべきもの、悪魔の働きです。したがって、人間は死と最後まで壮絶な戦いをしなければなりません。病気になれば、人は回復のために病気と闘わなくてはなりません。

「神に服従し、悪魔に反抗しなさい。
そうすれば、悪魔はあなたがたから逃げて行きます。」

（ヤコブ四・七）

人間は皆歳をとれば物忘れが多くなります。片足で立って下着をはくことが難しくなり、足の先から冷えていくように感じます。肉眼には見えない内臓も日々老化していることでしょう。人間は、歳を重ねるごとに「やがて朽ち果てていく」ことを実感します。これはよい死の準備になります。よく考えてみれば、孫が生まれるころから、人間は皆死の覚悟ができ始めるのではないでしょうか。ひ孫の顔を見るまで長生きしても、六十歳ころに、いわゆる若死にしても、大きな違いはないように感じるのは筆者だけでしょうか。旧約聖書の「ヨブ記」に次のような句があります。「ヨブ記」は紀元前四百年頃に書かれたと考えられています。

「日を重ねれば賢くなるというのではなく
老人になればふさわしい分別ができるのでもない。」
（ヨブ記三二・九）

歳をとれば、体は衰え、力は弱くなり、美しさもなくなります。いろいろな機会に、のけ者にされていることを感じます。聖書の中で「白髪の人の前では起立し、長老を尊べ」（レビ記一九・三二）と言われていても、少しでも偉そうなことを言えば、その場が白けてしまいます。老人は少しずつ舞台から消えていったほうがよいようです。それが人間の社会です。歳をとると人間は丸くなる、と言われていますが、けっして成熟するわけではなく、人格が変わるわけでもありません。

老人になると、若い時になした多くのことを思い出し、懐かしく、あるいは恥ずかしく思います。人は誰も多くの苦しみを乗り越えて生きています。聖書は人生が苦しみで満ちていることを教えます。そして、草がしおれていくように、人生ははかなく終わります。聖書によれば、死は所詮罪の結果なのです。人生はなんと悔やむことが多いものでしょうか。旧約聖書の有名な預言者にサムエルという人がいます。サウルという青年は背が高いだけでなく容姿が端麗で王にふさわしいと思い、初代の王として、預言者サムエルが彼を王に任命しました（サムエル上、九章）。しかし、サウルは嫉妬深い悪い王でした。預言者サムエルさえ間違った判断をしてしまいました。預言者サムエルがそうであれば、どれほど賢い人でも判断ミスを犯す可能性はあります。それが人の性質ですから、だれでも自分の一生に悔やむことがあったとしても当然だと思います。

　さて、最後に、アダムの罪や悪魔の攻撃にもかかわらず、死を経験することなく天国（神の国）に行った例外のあることを取り上げたいと思います。

　聖書の中には、二人だけ生きたまま天国に行った人がいました。エノクとエリヤです。エノクがどのような人であったかは、まったく書いてありません。なぜなら、「**エノクは神と共に歩み、神が取られたのでいなくなった**」（創世記五・二四）と記述されているだけです。いわば名前だけが出てきている人です。ほかの先祖たちのように「死んだ」と記述されていないために、彼は生きたまま天に引き上げられたと考えられてきました。

　エリヤについては、「列王記下」の第二章で、かなり詳しくその一部始終が描写されています。その中の一節に「見よ、火の戦車が火の車に引かれて現れ、二人（エリヤとその弟子エリシャという預言者）の間をわけた。エリヤは嵐の中を天に上って行った」と記述されています。エリヤは劇的な情景のもとで天に昇って行きました。このエノクとエリヤの二人は、生きたまま、天国に引き上げられたと信じられてきました。

この二人の昇天は、聖書の中で特別扱い（例外扱い）するのが良いと思います。エノクもエリヤも私たちと同じ罪深い人間生活を送ったものと思われます。しかし、その神に対する信仰は、きっと普通の人間以上に強いものがあったのでしょう。そのため、神に喜ばれ、地上の姿のままで天に引き上げられたと考える以外にないと思います。この二人は死を経験することなく、地上の生活を終わりました。聖書の中には、このような例外的なことが、ときどき出てきます。筆者は、そのような例外的なことを取り上げて、聖書全体を語ろうとすることに反対します。どのようなことにも例外的なことがあり得るのではないでしょうか。その理由をどれだけ考えても、人間には分からないと思います。エノクとエリヤの昇天の話も、「隠されている事柄」で人間には分からないことだと思います。聖書全体が語るところは、アダムの罪のゆえに人は死ぬ運命にあり、悪魔・悪霊の働きによって人は死にます。

死んでも星にならない

聖書では、偶像を拝むことを禁じています。それは非常に厳しい教えです。なぜそれほどまでに偶像を忌み嫌うのでしょうか。

聖書の神の名は、「ヤハウエ」（あるいは「ヤハウェ」）です。それを日本語で「主」と翻訳しています。名前ですから、そのまま「ヤハウエ」あるいは「ヤハウェ」とすればよかったのですが、なぜそうしなかったのでしょうか。その理由は、古い話になりますが、紀元前三世紀に、旧約聖書をヘブライ語からギリシャ語に翻訳しなければならなくなった時、「ヤハウェ」にしないで、「所有者」、「主人」、「主」（ぬし）に当たる「キュリオス」（主《しゅ》）というギリシャ語にしたことにさかのぼります。理由は、「ヤハウェ」という名をみだりにとなえるなという戒律（律法）があるからです。

「あなたの神、主（ヤハウェ）の名をみだりに唱えてはならない。」

（出エジプト二〇・七）

その後、諸外国語に翻訳される場合でも、「ヤハウェ」にしないで、その国語の「主」とか「主人」にしました。英語でも、「ヤハウェ」でなく「LORD」（「主」）にしました。その後の歴史の中で、もともとの「ヤハウェ」に戻せばよかったのですが、据え置きました。このことの良し悪しは別にして、聖書学者や説教をする牧師たちは、聖書の「主《しゅ》」を「もともとはヤハウェという名ですが『主』と翻訳しています」と説明を加えなくてはならなくなりました。根本的には、神の名をみだりに唱えてはならないという戒律（律法）があるからです。

ユダヤ教徒は、「ヤハウェ」という聖書箇所を読むときに、器用にも「アドナイ」（主）と読み替えていました。それほどに「ヤハウェ」という名を大事にしたわけです。したがって、これ以外の神を信じるなどということは、まったく考えられません。この「ヤハウェ」だけが世界の創造者です。もしこの神の名を人類が忘れ去れば、痛恨の極みとなり、この神を信じる人は、この神の名前を死守しなければなりません。死人を星や風にして拝むあるいは尊敬することは、もってのほかということになります。

「あなたはいかなる像も造ってはならない。」

（出エジプト二〇・四）

人間には自分の願いをかなえてくれる神々を作りたいという性質があります。その性質は、けっして気高い精神の表れではなく、自分の願いをかなえたいというアダムの罪の一つです。このゆえに、聖書では、わずかな偶像に対しても、非常に強く反対します。小さな残り火が、大きな森林火災の原因になるほどに考えます。つまり、「主」という本当の神をなくさないために、心の中にある罪すなわち偶像信仰を徹底的に排除しなければならないと考えます。偶像信仰は自分信仰の一形態です。亡くなった人を星や風に見立てたとしても、本心からそう信じているわけではなく、優雅な気持でそう言っているだけだからと、どれだけ釈明しても、それとこれとは違うというほどに敏感になる問題なのです。

ある建築業者が、立派な教会堂を建築しました。その献堂式（竣工式）の折、建築会社は建築にたずさわらせてくれた御礼として記念のために立派な小羊の像を、著名な彫刻家に依頼して作らせ、教会に寄贈しました。教会は感謝して受けましたが、それをどこに置くかで困惑しました。結局、当分倉庫に梱包したまま保管することにしました。小羊の像であったことが問題でした。小羊はキリストを表す聖書の記述が多くありますから、教会にとって、小羊の像は偶像になります。建築会社は、教会が一切の偶像をけっして置かないことを知らなかったか、あるいは羊の彫刻物が偶像に当たるとまでは考えなかったのでしょう。せっかくの好意が実りませんでした。これは一つの例にすぎませんが、キリスト教の信仰において、偶像信仰がいかに敏感な、そして重大な問題であるかということを表しています。死んだ人が星や風や神々になるという考え方は、聖書の教えから遠く離れています。

第3節　イエス・キリストは小羊のように血を流して死んだ

イエス・キリストの死について見てみましょう。少し詳細な説明になりますが、イエスが一人の人間として苦しみながら死んだという事実を把握し、次の章で語られる復活という事実を詳細に説明するためです。

神は疑い深い人間に「事実」をもって臨んできます。イエス・キリストは今から約二千年前の春、紀元三三年ころ、十字架の上で死にました。ユダヤ教にはいくつかの記念祭がありますが、その中心になっている記念祭を一週間にも及ぶ「除酵祭《じょこうさい》」といいます。わずかな酵母（イースト菌）も家の中から取り除きます。それは出エジプトという民族的な出来事を永遠に忘れないための一週間の記念日でした。父祖ヤコブ（別名イスラエル）が飢饉を逃れエジプトに行き、最初はエジプト王の客人の身分でしたが、王が替わり、イスラエル民族は奴隷の身分になってしまいました。その奴隷民族の状態が四百年も続きました。その状態から脱出してカナン（今のパレスチナ）に帰還した出来事がいわゆる「出エジプト」と呼ばれるものでした。それから千数百年経っていましたが、イエスの時代にも、「除酵祭」を守っていました。

「出エジプト」の出来事は、民族の独立をお祝いするというような派手なことではなく、苦しかった奴隷状態から、神が救い出してくれたという宗教的記念日になりました。イスラエル人は、家の入口のかもいと柱に羊の血を塗りました。その家を神の怒りが過越し、塗ってないエジプト人の家の初子（母から最初に生まれた子）が死にました。エジプト人が号泣する中を、疫病神とされたイスラエル人は無血で脱出することができました。

除酵祭と呼ばれる一週間が始まる前日の夜に「過越しの食事」を家族や仲間と取りました。これは今でも有名なユダヤ人の儀式的な食事会です。クリスマスの食事や日本人の元旦のお雑煮のようなものです。ユダヤ人（イスラエル人）は、イースト菌の入らない、硬くておいしくないパンや苦い野菜、そして羊の肉を食べる儀式を伴なった食事会を持ちました。ですから、この夕食会の日は非常に宗教的な重々しい一日です。

イエス・キリストは弟子たちと共に「過越しの食事会」をした後、逮捕され、十字架にかけられました。つまり、ユダヤ人がもっとも重要な記念日に十字架の出来事が起こりました。

イエスは、その時、弟子たちと共にエルサレムに来ていました。その頃は陰暦を採用していましたから、空の月は満月でした。ユダヤ教では、神が暗闇の中から万物を創造したという教えにより、夜から一日が始まりました。そのため、今の木曜日の夜ですが、すでに金曜日が始まっていました。イエスと弟子たちは、エルサレムの市街で「過越しの食事会」を持ち、その後城壁の外にあるオリーブ畑に行き、そこで祈りました。

イエスは今日これから行われる自分の十字架上の死を予知していましたが、弟子たちは何も知りませんでした。辺りはオリーブの木ばかりでした。イエスが苦渋の祈りをささげているところに、十二弟子の一人であったイスカリオテのユダに先導されて、祭司長の手下や律法学者や長老の手下と多分ユダヤ人の指導者たちから依頼を受けたローマ兵が、松明を手に持ち、イエスと弟子たちのところに来ました。イスカリオテのユダは、イエスに挨拶のキスをしました。「私がキスをする者がイエスである」という合図のキスでした。なぜユダがイエスを裏切ったかの根本的な理由は永遠の秘密のごとくに聖書には書いてありません。ユダの心はすべての人の心にあります。人の心は複雑で罪に満ちています。イエスは人が心の中で考えていることを、霊の力で知ることができたといいます（マルコ二・八）から、イエスには分かっていましたが、弟子たちは知る由もありませんでした。

手下どもがイエスに縄を打とうとしたとき、弟子のペトロは「何をするか」と言って刀で切りかかりました。手下の耳に刃が当たりました。イエスは「ペトロ、やめなさい。わたしは父なる神が用意してくださった盃を飲まなければならない」と言い、捕縛されました。切りつけられた男の耳をイエスがその場で癒したと聖書にはあります。弟子たちは一斉に暗闇の中を逃げて行きました。

ユダヤ人たちが各家庭や宿泊施設で「過越しの食事」をしているときに、つまりユダヤ人が一年でもっとも宗教的な日の夜に、イエスはユダヤ人の手によってこっそり暗闇の中で捕縛されました。イエスは民衆に尊敬されていたので、昼間には逮捕できなかったのです。イスカリオテのユダは、逮捕されてしまったイエスを見て、自責の念に駆られ、イエスを売った銀貨を神殿に投げ込み、首をつって自殺しました。

イエスは、まずユダヤ人の「サンヒドリン」（「七十人議会」、七十人の議員と議長である大祭司、計七十一人の議会）という自治会（ユダヤ人共同体）の裁判にかけられました。それもそのはずで、自治会の人々の手下によってイエスは捕縛されていました。また、ローマ兵の隊長とその部下もいました。ローマ帝国は、広大な領地を治めるために、各民族にある程度の自治権を与えていました。ローマ帝国は、各民族の習慣的なことにまでは口を出さなかったと思われます。ユダヤ人は非常に宗教的な民族で、真面目ではありますが、一端話がこじれると暴動に転じましたから、ローマ政府から派遣されていた総督（軍司令官）は、ユダヤ人自治会とうまく付き合うのがその使命の一つでした。

ユダヤ人自治会（サンヒドリン）は、ユダヤ人民衆が各家庭で「過越しの食事」をしている時に、自治会議長である大祭司の屋敷で集会を開きました。しかし、イエスの言動の中に死刑に当たるようなものは何もありませんでした。大祭司は、真ん中に立たされているイエ

スに向かい、

「お前はメシアなのか」と、問いました。

イエスは、

「メシアという言葉を使っているのは、大祭司殿、あなたです。」

「なんということか、この男は、自分をメシアだと言った。主に対する侮辱だ。これは死刑に当たる。」手下どもは「そうだ。そうだ」と言いました。集会（議会）はこれだけのことでした。イエスはそれ以上何も言わずに沈黙を守りました。


ちょうどその時、逃げ出していたペトロは、イエスの身を案じて、大祭司の屋敷にこっそり紛れ込んでいました。ところが女中に見つかり、

「みなさん、この男は、あのイエスの弟子ですよ」と、その女中が叫びました。

ペトロは、

「私は、あの人を知りません。あの人とは関係ありません」と言ってしまいました。そのとき、にわとりが「コケコッコー」と鳴きました。

ペトロはそのとき、「お前は、今日、にわとりが鳴く前に、私を知らないと言うだろう」と言ったイエスの言葉を思い出しました。思わず何ということを言ってしまったのだろうか

と思い、ペトロは大祭司の屋敷を飛び出し、激しく泣きました。

金曜日に入ったばかりの夜が明け、あたりが白々と明けて来たころ、祭司長、律法学者、長老たちは、イエスをしばったまま総督ポンテオ・ピラトの官邸に連行しました。城壁に囲まれたエルサレムの市街地の中ですから、それほど離れているわけではありません。

「総督閣下、このイエスという男を死刑にする許可をください。」

「ユダヤ人どもよ、この男は悪い男ではない。何をしたと言うのか。」

総督ピラトは、イエスがユダヤ人の宗教問題で嫉妬されていることを知っていました。打ち合わせ通り、祭司長、律法学者たちは、

「十字架にかけよ、十字架にかけよ」

と、騒ぎ立てました。

その時、総督の部下の一人が、総督の妻の伝言を持って来ました。それは、ピラトの妻が昨夜夢の中で、イエスの無罪と裁判には何も関係すべきではないと示されたというものでした。総督は、イエスが何か弁明することを期待していました。その弁明の理由でイエスを無罪にするか、裁判の延期を考えていたと思われます。ところが、イエスは総督がふしぎに思うほどに黙っていました。

「イエスよ、お前は本当にメシアなのか。」

イエスは答えました。

「メシアという言葉は、総督、あなたが使っている言葉です」と。

その後、イエスは何も言いませんでした。ユダヤ人たちは、ますます激しく「十字架だ。十字架にかけよ」と騒ぎ立てました。このままでは暴動になるかもしれないと思った総督は、部下に器に入れた水を持ってこさせました。

「ユダヤ人どもよ。見よ。私は水で手を洗った。この裁判と判決に私は何の関わりもない。」

「結構だ。その責任は、私たちユダヤ人が持つ。」

総督はイエスを死刑にする許可を与え、祭の日の恩赦としてバラバという政治犯を釈放する宣言を出して、官邸の奥に消えました。

死刑に決まった囚人イエスに対し、ローマ兵は、イエスの着ている物をはぎ取り、赤い外套を着せ、茨で編んだ冠をかぶらせ、イエスの右手に葦の棒を持たせ、「ユダヤ人の王様、万歳」とからかい、イエスの頭をたたき、侮辱しました。イエスは黙って、彼らのなすままに身をゆだねていました。そして、兵士たちはイエスに元の服を着せ、十字架の横棒（福音書に横棒だけとは書いてありませんが、多分横棒だけ）を背負わせ、城壁の外にある刑場まで引いて行きました。途中で、イエスがよろめいたため、道で見物していた一人のユダヤ人にイエスの十字架の横棒をかつがせました。彼の名はエジプトのキレネという所から巡礼に来ていたシモンという男でした。

刑場は、「されこうべ」と呼ばれる所でした。現在の日本と違い、処刑の現場には誰でも入れました。ヨセフ以外の十人の（イスカリオテのユダはすでに十二弟子から抜けていたので）弟子たちはいませんでした。女性の弟子たちが数名いました。イエスは十字架の横棒に手をくぎで打ち付けられ、すでに準備してあった縦棒に取り付けられました。痛さのあまり、イエスは叫び声をあげました。金曜日の朝九時ころでした。釘の打たれた手から血がしたたりました。十字架の多分上の方に「ユダヤ人の王」（王と名乗ったという意味）とヘブライ語、ラテン語（ローマ語）、ギリシャ語で書かれた罪状書の板が打ち付けられていました。

正午ころから日食のようにあたりが暗くなり、やがて真っ暗闇になり、午後三時ころ、イエスは「すべてが終わった」と言って絶命しました。それはまだ金曜日でした。

イエスが死んだ時の様子は、新約聖書の四つの福音書に、ほとんど同じような内容のことが書いてあります。キリストは十字架上で合計六時間も苦しんで死んだことになります。十字架刑とは、長時間かけて死に至らしめるもっとも残虐な刑でした。その間に、イエスはいろいろなことを叫びました。そのすべてが福音書の中に記録されているわけではないと思います。福音書に書かれている十字架上のイエスの叫びを、マタイ、マルコ、ルカ、ヨハネの四つの福音書から順に選ぶと次の七つになります。

1. 「わが神、わが神、なぜわたしをお見捨てになったのですか。」(「エロイ、エロイ、レマ、サバクタニ。」当時の日常語であったヘブライ語に似ているアラム語)。これはユダヤ人ならだれでも知っている詩編第二二編一節の言葉です。(マルコ一五・三四)

2. 「父よ、彼らをお赦しください。自分が何をしているのか知らないのです。」(ルカ二三・三四)

3. (十字架にかけられた二人の犯罪人の一人に向かい)「はっきり言っておくが、あなたは今日わたしと一緒に楽園にいる。」(ルカ二三・四三)

4. 「父よ、わたしの霊を御手にゆだねます。」(ルカ二三・四六)

5. (母マリアに向かい)「婦人よ、御覧なさい。(この愛する弟子ヨハネは)あなたの子で

す。」（ヨハネ一九・二六）（愛する弟子に向かい）「見なさい。あなたの母です。」（ヨハネ一九・二七）

6．「乾く。」（ヨハネ一九・二八）

7．「成し遂げられた。」（すべてが完了した。）（ヨハネ一九・三〇）

これらの十字架上の叫び声は、まとめて言えば、「私の目的は果たされた」というものでした。キリストは自ら計画したように死刑を受け取っていましたから、確かな目的がありました。キリストは、十字架の上で本当に血を流しました。それは、人間の罪をあがなうために、その一身に人類の罪をすべて引き受け、神殿でささげられる羊のように死んでゆくことでした。

「兵士の一人が槍でイエスのわき腹を刺した。すると、すぐ血と水とが流れ出た。」（ヨハネ一九・三四）

昔、ユダヤ教では、羊をほふりその血を祭壇などにふりかけ、大地にしみ込ませ、羊の命を代償として、自分の罪を神に赦してもらっていました。日本では、神に供え物をする場合、

イエス・キリストの十字架（絵・吉田ようこ）

穀物とか酒や野菜や果物などをささげますから、生きものの血をささげるということは残虐な儀式に見えますが、聖書によれば、イスラエル人は羊を飼ってそれを生業としていましたから、羊は身近なものでした。

動物にとって血をぬかれれば、命が絶えます。命は地上の全被造物の中でもっとも高価なものですから、血がもっとも高価なものになります。金もダイヤモンドも命には代えられません。そのような意味で、血を持つ動物を神にささげることは、理にかなったことだと考えていました。羊は普通の人が売買できるほどの安いものです。羊の命をささげたからといって、人の多くの罪の代償にはなりません。せいぜいあの罪この罪といった単発的な罪の代償に過ぎません。ところが、キリストは神の子です。人の子が人であるように、神の子は神です。その神の命がささげられるわけですから、キリストの血は、全被造物の中で比較できない無限の効力を持っています。これが聖書の理論です。

つまり、「血による罪の赦し」というのは、私たち日本人には、むごたらしい理屈ですが、聖書によれば、天地創造の時から、神が血を最高の価値あるものとして創造したことに基礎付けられています。もちろん、旧約聖書の時代には、羊の血から将来のキリストの血を考える者はいませんでしたから、「昔からそのような神の計画があったのか」とクリスチャンたちは、後になって神の深い計画に驚きました。

イエス・キリストは、午後三時ころ絶命しました。あと三―四時間すれば、日没になり安息日（今の土曜日）が始まりますから、葬式などの一切の仕事ができなくなります。通常なら、遺体はそのまま十字架上に放置されるところです。

イエスの弟子になっていたユダヤ教の幹部でサンヒドリン議会の議員であった金持のヨセフという人が、総督ピラトにかけあい、イエスの遺体を引き取り、同じくイエスを尊敬していたニコデモというサンヒドリン議会の議員と共に、すぐさま、きれいな亜麻布に包み、すぐ近くにあるヨセフの所有する横穴式の墓（洞窟のような墓）に収めました。このことから分かるように、ユダヤ教の指導者の中にもイエスを尊敬していた人々がいたことが分かります。

墓の穴の入口に大きな石を置き、誰も入れないようにしました。さらに、ローマ兵が見張りをしました。イエスの弟子であった女性たちがその場にいて墓の場所を確認していました。

安息日（土曜日）が始まるぎりぎりの時間でした。そして、日没と共に安息日が始まりました。水を打ったように町中が静かになりました。今の金曜日の夕刻です。そして、日没から土曜日（安息日）になります。翌日の日没までの一日中は、本格的な土曜日ですから町中が静かでした。以上がイエス・キリストの十字架上の死の一部始終です。神の子が血を流したことが、イエスの死の重要な点です。それはアダムに始まった人類の罪があがなわれたことを意味します。

他方、イエスの男性の弟子たちは、安息日、一日中、家にこもりました。自分たちも、イエスを殺したユダヤ教の指導者とそのグループ、そして彼らにそそのかされているローマ帝国の総督と兵士たちによって逮捕されるかもしれないからです。

以上がイエス・キリストの十字架上の死の出来事でした。

第4節　イエス・キリストは死者の世界（陰府《よみ》）に行った

筆者がユダヤ教の礼拝に参加したとき、筆者のような旅行客のために、ホテルには男性用の「キパー」と呼ばれる小さな帽子が用意されていました。頭にキャップをかぶるのは、自分の上には神以外に誰もいないことを表すためでした。ホテルがくれたものは、百円もしない程度のプラスチック製の小さな帽子で、それをかぶり、礼拝に出席しました。

筆者の所属するプロテスタント教会の礼拝とユダヤ教の礼拝は非常に似ています。それもそのはずで、キリスト教の礼拝はシナゴーグ（ユダヤ教会堂）の礼拝をまねて始まりました。したがって、筆者には礼拝の中で何が行われているかをだいたい理解できました。ヘブライ語は「アーメン」以外ほとんど理解できませんでしたが、係りの人が礼拝中も隣りに座り、親切にしてくれました。その係りの人は、礼拝後の「お茶のひととき」にも誘ってくれました。キリスト教会と異なる点は、男性ばかりの礼拝でした。女性の参列者は、二階などの見えない席にいたことでしょう。

さて、イエスの遺体が墓に収められた翌日すなわち土曜日はユダヤ教の安息日でしたから、ユダヤ人は家にこもっていました。人々は、約一キロ・メートル以内でないと歩けませんでした。それは、シナゴーグ（ユダヤ教会堂）には行ってもよいということでした。エルサレムの町中に小さな会堂がたくさんありました。

安息日とは仕事をしてはいけない日でした。遺体を墓に運ぶことや葬式をするなどは、もってのほかでした。したがって、イエスの遺体は安息日の一日中墓の中に安置されていたはずです。前日にイエスの墓を見届けていた女性の弟子たちは、土曜日の安息日は、一歩もエルサレム市街の民宿のような家を出ませんでした。土曜日の日没からすでに安息日は終わり、日曜日に入っていました。外出してもいいのですが、夜は暗くて墓に行くことが出来ませんでしたから、夜が明けるのを待ちました。十字架から下ろされた後には、時間がなくて何もできませんでしたが、彼女たちは、日曜日の早朝、暗闇が明けるのを待ち、せめてイエスの遺体に香料の入ったオリーブ油でも塗ろうとしていました。

正確には、イエスが亡くなった現在の金曜日の午後三時ころから午前零時までの九時間、土曜日の一日二十四時間、そして日曜日の早朝までの四、五時間、足掛け三日、合計三十七、八時間の間、死んだイエスはどうしていたのでしょうか。ペトロは、そのことを多分復活してきたイエスから聞き、知っていました。

「霊においてキリストは、捕らわれていた霊たちのところに行って宣教されました。この霊たちは、ノアの時代に箱舟が作られていた間、神が忍耐して待っておられたのに従わなかった者です。」

（ペテロI、三・一九―二〇）

ここで言われている「捕らわれていた霊たち」とは、死んだ後に天国に行けなかった人々のことです。つまり陰府《よみ》の人々のことです。「ノアの時代の人々」と書いてありますが、創造者である神（主）を信じないまま死んだ人々全てを指します。誰に捕らわれていたかと言えば、悪魔です。聖書には、前述したように、いわゆる日本語の地獄という言葉はあるにはあるのですが、旧約聖書との関連で「陰府《よみ》」というのが適当な言葉だと思います。

イエスは十字架の死後三日間、その陰府《よみ》の世界に行き、そこで、宣教しました。このことはとても重要な点ですから、覚えておいてください。この点は後で取り上げます。

陰府《よみ》でのイエスの宣教（説教）の内容についてまでは書いてありません。陰府《よみ》も神の創造した世界の小さな一部ですから、悪魔の主戦場といえどもイエスの力が圧倒的に強いので、悪魔はイエスがなぜそこにいるのかについて驚いたに違いありません。

第Ⅱ章　天国

第1節　イエス・キリストは復活し、人類は一変した

イエスは十字架の上で死に、三日間、陰府《よみ》つまり天国に行けなかった死人の世界に行きました。その後、日曜日になりますが、復活してきました。本当に死んだ人が復活して来るということがあるのでしょうか。

アダムの罪のゆえに、天国を信じることのできなくなった人間に、イエスは死んで、復活して、永遠の生命があるのだという事実を示しました。全聖書の中心は、イエス・キリスト

の十字架の死と復活です。弟子たちはキリストの復活に驚きました。驚きはやがて喜びに変わりました。弟子たちはこれを福音と呼びました。福音とは「良きおとずれ」の意です。十字架上のイエスの死は悪いおとずれでしたが、復活はそれを良いおとずれに変えました。復活の事実を前にして、弟子たちは十字架の死も実は福音であったことに気付きました。アダムの罪をあがなわれたからです。イエスを信じた人々は、全世界にこの福音を語り伝え始めました。それが今日のキリスト教です。では、その復活の日の出来事を見てみましょう。

十字架刑によって絶命したイエスの遺体は、その日のうちにヨセフという人が所有する刑場近くの墓に葬られました。過ぎ越しの食事、イエスの逮捕、裁判、十字架刑、埋葬はすべて金曜日の内でした。ローマ政府は、各地の民族の自治組織を利用して統治していました。時代により、州の数には違いがありますが、この当時、広大なローマ帝国内は四十以上の州にわけられ、ローマ帝国の議会が任命した知事か、あるいは皇帝自ら派遣した総督（軍司令官）によって治められていました。前述のように、イエスが十字架刑にされた時には、ユダヤ州は皇帝より派遣された総督ポンテオ・ピラトによって治められていました。彼の許可により、イエスの十字架刑は執行されました。

翌日は土曜日で安息日でした。安息日は神が天地創造をした後、安息された日です。神が安息されたので、人も体を休め、休息しなければなりません。そして、その日は神を礼拝すること以外は何もしてはなりませんでした。と言っても、食事をし、日常の生活をしなければなりません。それで、生活事項と仕事事項を厳密に分けるようになりました。家の中から外に物を運ぶことなどは、仕事になるので禁止されました。食事などはできましたが、外出は制限されました。

今でも、金曜日の夕方になると、イスラエルの国では、まだ明るい夕方五時ころからラッシュ・アワーが始まり、大急ぎで帰宅し、暗くなると、町中がシーンと静まり、ホテルのエレベーターも客のためにのみあり、上り専用で各階止まりになります。一切の仕事はストップし、晴れやかな「主をお迎えする雰囲気」で満たされます。

安息日はどこにも行けない窮屈な日ではなく、一週の内で最も聖なる喜びの日になります。子どもたちは清潔な白いシャツに着替え、主婦はローソクをともし、華やいだしかし厳かな雰囲気で安息日を迎えます。毎週土曜日になると、日本の元旦を迎えるような感じです。イエスの時代も同じような雰囲気であっただろうと想像されます。ユダヤ教徒であった男性の弟子たちも女性の弟子たちも、イエスが死んだ翌日をこのように静かに送ったと想像されます。

聖書の記述によれば、イエスの墓は岩でできた斜面を横に掘ったものでした。奥行きや高さがどれほどであったかは分かりません。聖書の記述によれば、復活の朝に、イエスの遺体を巻いた白い布だけが、外から見えたということですから、小さな横穴ではなく、かがみこめば人が遺体を運び込める程度の高さのある横穴式の洞窟であったと想像されます。墓穴にはローマ兵が、人数は不明ですが、数名置かれました。その警護は厳重であったと思われます。誰かが遺体を持ち出しに来ないように！

翌、日曜日の明け方、まだ暗いうちに、女性たちが、墓に向かって急ぎました。彼女たちは、イエスの埋葬の一部始終を見ており、その場所を知っていました。その女性たちが何人であったかは不明です。二人か三人あるいはもう少しいたかもしれません。各福音書の記述が異なります。初めて聖書を読む人は、記述の違いに不審な思いを抱くかもしれませんが、各福音書記者（神学的に「記者」といいます）が自分の体験を語りますから、多少の違いはむしろ当然と考えます。記者たちは多くの女性たちから復活の日の朝の出来事を聞いたことでしょう。「福音書」というものは、意図的に作られた物語ではなく、ちょうど新聞記者たちが見たままを読者に伝えようとする姿勢に似ています。

病気を癒してもらったマグダラ村のマリア、十二弟子の一人青年ヤコブの母マリアあるいはサロメなどの名前が福音書に記載されています。イエスはこのころ約三十歳ほどでした。女性たちは、四十歳代から六十歳代であったと想像されます。彼女たちはイエスや弟子たちの母親であったと考えられます。彼女たちは、他の弟子たちと同じように、死人が生き返るなどということを想像すらしていませんでした。彼女たちは、イエスに対する尊敬の気持から、遺体に香料の入った高価なオリーブ油をふりかけるためにイエスの墓に向かいました。

宿泊していた家から墓までは、それほど離れておらず、城壁に囲まれたエルサレムの街中を通り、城壁の門をくぐって外に出て、一昨日の刑場近くの墓に向かいました。墓に到着した時、大きな地震が起こり、横穴式の洞窟の入り口を塞いでいた大きな岩がころがり、洞窟の中は空っぽでした。墓番をしていたローマ兵たちは恐ろしさのあまり震え上がって死人のようになったと福音書に書いてあります。大きな岩の上に天使が座っていました。天使は、言いました。

「あの方は、ここにはおられない。かねて言われていたとおり、復活なさったのだ。」

（マタイ二八・六）

天使は「キリストはよみがえった」と告げました。天使が登場してくるのは、ここまでがおもで、後は聖霊の働きになります。天使がいなくなったという意味ではなく、天使の活躍の場が徐々に聖霊に代わっていったと理解すればよいと思います。現在では、キリスト教徒は聖霊の働きを信じていますから、天使のことをあまり口に出しませんが、天使の働きを信じていないというわけではありません。

女たちは驚きました。腰を抜かしたとは書いてありませんが、それほどの恐ろしい体験であったと思われます。この婦人たちに関して、聖書によれば、その後の伝え方に違いが出てきます。「マルコによる福音書」によれば、次のようになっています。

「婦人たちは墓を出て逃げ去った。震え上がり、正気を失っていた。そして、だれにも何も言わなかった。おそろしかったからである。」

（マルコ一六・八）

他方、「マタイによる福音書」では、次のようになっています。

「婦人たちは、恐れながらも大いに喜び、急いで墓を立ち去り、弟子たちに知らせるために走って行った。」

（マタイ二八・八）

この両福音書の違いは、その後のキリスト教会の中で、それほど大きな問題にはなりませんでした。婦人たちが驚き、いったん宿舎に戻り、落ち着いてから、男性の弟子たちに知らせた可能性が大きいと考えられるからです。あるいは、記者たちは異なる女性の証言をただそのまま伝えているだけかもしれません。

「マタイによる福音書」では、墓の帰り道に、イエスは婦人たちに復活の姿を現しています。そのことに関しては、他の福音書は言及していません。ただ、「ヨハネによる福音書」

では、マグダラ村出身のマリアに、復活のイエスが現れたと記しています。四つの福音書において、その他の小さな記述の違いが見受けられますが、それらは各福音書記者の主観的な記事描写の違いで、かえって「福音書」というものの信頼性を高めています。誰が記述しても、違いが出てくることは、やむを得ないことだと考えられるからです。

ただ、四つの福音書に共通しているのは、復活したキリストの姿が、生きていた時のイエスとまったく変わりなく、ごく普通の姿であったというところです。たとえば、墓からの帰り道、突然、路上で女性たちにキリストが現れ、「おはよう」と声を掛けました。それは、いつものイエスの声であり態度でした。彼女たちはイエスと会話を交わしました。つまり、イエスは一昨日までと何の変りもなく、ごく普通の様子で復活してきました。

その日のうちに、男性の弟子たちにも、忽然《こつぜん》と、生き返ってきたイエス・キリストが現れ、そして消えていきました。それ以降四十日にもわたってキリストは復活の姿を現しています。それが合計何十回であったかの回数までは聖書に書いてありません。

「ルカによる福音書」には、キリストが復活してきた当日のエピソードが一つ含まれています（ルカ二四章）。それによると、イエスの二人の弟子が、何かの用があり、エルサレムから十一キロ・メートルほど離れたエマオという町に急いでいました。そこに一人の旅人が近寄り、三人で歩きました。途中、イエスが生き返ったという、その日のうわさが話題になりました。その時点で、二人はその旅人がイエスであることに気付きませんでした。イエスの姿が変わっていたと考えられます。つまり、神は何でも自由自在にできます。聖書では、**「神は何でもできる」**（マタイ一九・二六）と書いてある通りです。

夕食の時に、ユダヤ人ならだれでもする食事の感謝の祈りの時、その旅人がイエスであることに気付き、「アッ、あなたはイエス……」と言ったところで、そのイエスの姿が消えました。二人はこのことを伝えるために、急いでエルサレムに引き返しました。多分、多くのイエスの追従者たちが、このようなイエスの復活に遭遇したのではないかと想像されます。キリストの復活というのは、幻を見たというのではなく、生前と同じ肉体をもって現れたことをいいます。

あるときは、食事まで一緒にしました。疑い深かったトマスという弟子に対しては、**「あなたの指をここに当てて、わたしの手を見なさい。また、あなたの手を伸ばし、わたしのわ**

き腹に入れなさい。信じない者ではなく、信じる者になりなさい」（ヨハネ福音書二〇・二七）と言いました。また、ある時には、五百人以上もの男性の人々が集まっていた所に忽然と現れました（コリントⅠ、一五・六）。以上が復活の日から四十日間の出来事でした。全聖書の分量に比べれば、復活の記事は僅かなものです。しかし、この淡々と描かれた復活の証言を読んで、多くの人々がキリストの復活を信じ、今日に至っています。

弟子たちや女性たち、またその他の追従者たちも、この四十日間という冷静になる期間に、何事が起ったのかを理解し始めました。冷静になる期間と言うより、興奮した期間と言った方がよいかもしれません。それはただならぬ出来事が起こったということでした。聖書の中には、生前のイエスを知らない人の前に復活の姿を現したとは書いてありません。もし、そのようなことをすれば、その人が誤解するか、イエスが「十字架の上で死んでいなかったのだ」というようなうわさが生じるか、いずれにしても混乱が生じるだけです。

四十日間の復活は、イエスを知っている弟子たちの間でのみ起こったと考えられます。この場合、弟子たちと言うのは、イエスを知っていた人たちをすべて含みます。彼らは過去三年間のイエスの話を思い出し、旧約聖書の不思議なメシア預言の句を思い出し、イエスの復活の意味を冷静に受け止める期間とすることができたと考えられます。

「メシア預言」というのは、新約聖書から過去を振り返って旧約聖書を読んでみると、旧約聖書のところどころにイエスのことを予言しているのではないかと思われる個所があることを指しています。メシアとはヘブライ語で「神に選ばれ、遣わされた、非常に特別な人」という意味です。メシアをイエス時代の国際語（今の英語のように）であったギリシャ語に翻訳するとキリストになります。「メシア預言」という言葉は、聖書の言葉ではなく、キリスト教会が生み出した言葉です。たとえば、旧約聖書の「イザヤ書」第五二章と第五三章に、将来ある人が現れ、人々の犠牲になって苦しむ、というような文言があります。これなどは十字架上で苦しむキリストを予言している箇所になりますので「メシア預言」の聖書箇所ということになります。（ついでながら、筆者が若いころは「予言」という言葉が多く用いられていましたが、現在では、「預言」という言葉に統一されつつあります。神の言葉を預かって語るという意味の方がふさわしいからです。予言という漢字は将来を言い当てる場合に用いています。）

四十日間の復活の後、イエスはベタニアという所で弟子たちを祝福して、天に上げられ、現れなくなりました。これをキリスト教会では「イエスの昇天」と呼んでいます。この後も、二千年間のキリスト教会の歴史の中で、復活のキリストに出会ったという人が少なからずいますけれど、それは復活のキリストが幻になって現れた姿に出会ったという意味だと筆者は理解しています。四十日間の復活は、幻ではなく本当の体をもって現れた状態を指します。

イエスが四十日の間に、弟子たちに話したことの一つは、今後しばらくの間、何も行動を起こさないようにという注意でした。しばらくの間とは、約十日間のことでした。つまり、イエスの復活した日から数えて第四十日目から第五十日目の間の十日間です。

弟子たちは、再び、ユダヤ教の「五十日目の祭」のために自宅のあるガリラヤからエルサレムに行きました。「五十日目の祭」とは、あの「過越しの食事の日」から五十日目にあたります。季節も春ということで、除酵祭の雰囲気は残り、五十日目を一つの区切りにしていました。普段より多くの巡礼者がエルサレムに来ていました。その日、弟子たちはある家に滞在していました。突然「ゴー」という大きな音がしました。その音は異様な音で、弟子たちは非常に驚きました。巡礼に来ていた多くの人々も驚いたに違いありません。

「五旬祭の日……突然、激しい風が吹いて来るような音が天から聞こえ……炎のような舌が分かれ分かれに現れ、一人一人の上にとどまった。すると、一同は聖霊に満たされ、霊が語らせるままに、ほかの国々の言葉で話しだした。」

（使徒二・一―四）

人間の舌が神の力すなわち聖霊の力により自由に動き、何かをしゃべることを、日本語で「異言《いげん》」といいます。原典のギリシャ語では「グローサ」といい「舌」です。原意は舌なのですが、新約聖書では、聖霊を受けて、舌がぺらぺらと勝手にしゃべりだすという不思議な現象を指す言葉となりました。それはキリストを信じる人々にだけ発生しました。日本語では、これを「異言」と翻訳しています。英語では「tongue」（タャング、舌）あるいは「tongues」（タャングズ、舌の複数形）といいます。明瞭な外国語であったり意味不明な言葉であったりします。聖霊を受けた時だけ発しますから、「聖霊によるおしゃべり」というと分かり易いと思います。何かをぺらぺらとしゃべりだす現象です。

キリスト教会では、この日を「ペンテコステの出来事の日」と呼んだり「聖霊が弟子たちに一気に降ってきた出来事の日」（聖霊降臨日）と呼んだりしています。ですからユダヤ教の「五十日目の祭（日）」とキリスト教の「聖霊降臨祭」とは、同じ日に起こったというだけで、言葉上の特別な関係はありません。ちょうどその日に、この不思議な出来事が起こったということです。

エルサレムは城壁に囲まれた町ですが、弟子たちが泊まっていたか、あるいは集まっていた家の近くには、巡礼者が大勢いました。エルサレムの町の大きさは、時代によって違いがありますが、城壁の中に一万人も二万人も、ひしめきあって住むことのできる、直径一キロ・メートルもある大きな町、一種の要塞の町です。町の人々は、そのふしぎな、大きな音に驚きました。弟子たちは何かをわめきました。多分、彼らはその家から外に出たと思われます。突然のことで、集まって来た人々は「酒にでも酔っているのか」と思いました。少し時間が経ち、外地から来ていた巡礼者たちが、「かれらは、わたしたちの国の言葉で話している」と言い始めました。つまり、習ったこともない外国語で弟子たちが人々に話しかけていたということです。

このことは「使徒言行録」第二章に細かく書いてあります。そのため、「使徒言行録　第二章」と言えば、キリスト教徒にとっては有名な箇所となりました。使徒ペトロが、「あなた方が十字架にかけて殺したイエスこそが、本当にメシア（キリスト）であった」という長い説教をしました。ペトロの説教を聴いて、群衆の中には「わたしも、あなたが話していることを信じます」と言い、洗礼を受けた人々がその日のうちに三千人にも及んだと聖書は記しています（使徒二・四一）。今でこそユダヤ教からキリスト教に転向したと思われるかもしれませんが、もちろんキリスト教会というものはまだ存在していませんでしたから、ユダヤ教会の中で革新的な何かが起こったということでした。

聖書を読んでみると分かりますが、このペンテコステの出来事は、キリストの十字架上の死と復活という一連の出来事の中で起こったと考えられます。日数としては五十日という日が経っていますが、一連の出来事であったという意味です。すなわち、十字架の死、復活、昇天、聖霊降臨は、一連の出来事です。キリスト教徒が言う「イエスの十字架」という表現の内には、復活とそれに続く昇天と聖霊降臨が含まれています。

その後の時代になり、初期つまり紀元九十年頃までは、人々は、キリストの復活を弟子たちから直接に聞いて信じるようになったと考えられます。更に後の時代になれば、人々は聖書の記述を通して復活を信じるようになりました。ただ単に、復活を信じたということではなく、そこに聖霊のふしぎな働きが伴わないと起こらなかったことといえます。つまり、聞いただけとか聖書を読んだだけでは信じることができず、聖霊がその人に働かないことには信じるに至らないということです。

聖書が偉大な書と言われるのは、「キリストの十字架・復活・昇天・聖霊降臨」という一連の出来事が、短い記述ですが聖書の中で伝えられ、さらにその後も信者が聖霊の何らかの働きを体験し続けてきているからです。

この点がキリスト教徒以外の人々にとっては理解しがたいことかもしれません。すなわち、キリスト教徒は神が今も自分に働きかけているというそれぞれの体験を伴なった信仰を持っています。そのような経験は、聖霊が自分に働きかけていることだと信じています。キリスト教徒にとっては、十字架のあがないと復活を知的に信じているというだけではなく、聖霊の働きが加わることが重要であるということになります。非常に素直にイエスをキリストと信じて洗礼を受けたとしても、やはりその行為には聖霊が働いていたということができます。この点を未信者の家族や友人から、なかなか理解されないために悩んでいる日本人クリスチャンが多いと思います。

もう少し説明を加えるなら、死人が生き返るということは、信じられないことですが、現在まで、キリストの復活が信じられてきたということは、ひとえに聖霊の働きであったと言うのが聖書の一貫して語るところです。このことを、聖書では次のように言っています。これは、キリスト教の最初の宣教師になった使徒パウロの遺した手紙の一節です。

「霊は一切のことを、神の深みさえも究めます。」

（コリントⅠ、二・一〇）

この場合の「神の深みさえも」という言葉の中には、信じがたいイエス・キリストの復活までも信じるにいたることを言い表しています。すなわち、キリストの復活が信じられているのは、聖霊の働きであった、というのが聖書の言わんとしていることです。キリストの復活を聖書を読んだだけで、すべての人が信じたのではなく、読んだけれどそこに聖霊が働いて信じるにいたります。では、信じない人々はどうなるかと言えば、自らの罪性と悪霊の邪魔を受けて信じないようにされたということになります。これは、あくまでも、論理的に考えた結果です。信じない人々を非難するために出された理論ではなく、信じる人々に重点を置いた理論です。

すなわち、キリスト教の信者は、神によって選ばれたのであり、恵みの世界の中に招き入れられたという理論です。この理論は宗教改革者のジャン・カルヴァン（フランス人、一五〇九年―一五六四年）の「予定論」（信じる人々は神によって予め選ばれていたという理論）として知られています。（ジャン・カルヴァン著『キリスト教綱要』や『ローマ書註解』に詳しく論じられています。）

宗教改革者のカルヴァンが、予定論を打ち立てたからというのではなく、そのような難しい理論を持ち出すまでもなく、キリスト教徒は自分が信仰を持ったのは、聖書やだれかの説教を聴いたからだけではなく、聖霊の導きによって信じたのだと考えています。

日本人は、キリストが十字架の上で死んだことをよく知っています。それは四つの福音書に一切が記載されているからです。しかし、同じ福音書にキリストの復活のことも書いてありますが、こちらの方はあまり知られていません。日本では、キリストの復活というのは、事実というより信仰の「話」として取り上げられることが多いと思います。

さらに、一般の日本人は、上述の「霊は一切のことを、神の深みさえも究めます」（コリントI、二・一〇）というような新約聖書の福音書以外の文書（使徒書といわれているもの）に書いてあることを、ほとんど取り上げることがありません。つまり、聖霊の出来事や新約聖書の手紙類に記述されていることをあまり知りません。あるいは、知っていたとしても、「それは宗教的なことがらであり、キリスト教徒はイエスが復活したと信じているだけ」と知的に理解します。

さて、キリストの復活に関しては、以上の通りですが、それ以降、キリストの復活を信じる人は増え、エルサレムから周辺地域に、そしてヨーロッパに、アフリカに、そして南北アメリカ、オセアニア諸国に、そしてアジアに伝えられ今日に及んでいます。（現在のキリスト教徒の人口は、地球上の約三十一％と言われています。）

旧約聖書の中に、キリストの復活を予言しているような聖句はなく、せいぜい「神は死を永久に滅ぼしてくださる」（イザヤ二五・八）とか「闇と死の陰から彼らを導き出し」（詩一〇七・一四）というような句がある程度です。すなわち、神の子の十字架上の死や復活は、神の深い秘密の計画の中に隠されていました。新約聖書の中で、イエスは弟子たちに自分の復活を話していました。しかし、弟子たちは、イエスが復活するということを理解できませんでした。イエスが実際に復活して後に「そういえば、主イエスはすべてを予知し、復活してくることを知っていたのだ」と気付いたのだと思われます。

「(イエスは)弟子たちに、『人の子は、人々の手に引き渡され、殺される。殺されて三日の後に復活する』と言っておられたからである。弟子たちはこの言葉が分からなかったが、怖くて尋ねられなかった。」

(マルコ九・三一―三二)

新約聖書の中にユダヤ教サドカイ派という貴族階級が出てきますが、彼らは「復活も天使も霊もない」(使徒二三・八)と言っていたグループでした。昔も今もそのような人々がいます。そのような人間に対して、信じさせる方法があるとするなら、一人の人間が実際に死んで見せ、生き返って、死後の世界があることを示す以外にありません。このため、父なる神は、子なる神を一人の人間として地上に送り、三十年間余にわたり人間の生活を行わせ、衆人の見ている前で十字架の上で死なせ、弟子たちの前に生き返らせました。これがイエス・キリストの復活です。神は、人が神の国に復活する、つまり天国はあるのだということを証明する唯一の方法を実行したことになります。キリスト教が多くの人々を惹きつけてきたのは、ひとえにこのイエスの復活という奇跡でした。そして、キリスト教徒は、非常な勢いで増えていきました。

日本では、キリスト教といえば、「イエス・キリストが人間の罪の身代わりとなって十字架の上で死んでくれた宗教」として知られていますが、実際は「十字架の上で死んだイエス・キリストが復活し、更に聖霊を与え続けている宗教」であるといった方が、より聖書に忠実なことだといえます。

このようなキリスト教が、宣べ伝えられてから、人間は死んだ後、天国へ復活するのだということを信じるようになりました。キリストの復活は、人類の死後への希望を約束するものとなりました。それまでも「人は死ねば天国に行く」と漠然と考えていた人が、キリストの復活と聖霊の働きによって、「天国はある」という確信に満ちた信念へと変えられました。キリストの復活という事実がなければ、キリスト教は興らなかったでしょう。

第2節　人の復活

天国を思う心

旧約聖書の中には、いわゆる「文学書」が含まれています。それは、旧約聖書の中ほどにある「ヨブ記」「詩編」「箴言《しんげん》」「コヘレトの言葉」「雅歌《がか》」の五つの書です。いわゆる「日本文学」とか「外国文学」とか言われるような文学書ではありません。祈りとか教育的な格言集などです。ですから、旧約聖書の初めにある「律法書」（モーセ五書）とは、まったく異なります。

律法書が天からやってきた直接的な神の教えであり命令であるのに対し、文学書は日常生活の中で、当時の人々が感じたことを率直に吐露しているものです。いわば、人の思いが語られています。もちろん、人の思いだからといって、軽視するのではなく、キリスト教徒は神に受け入れられた人の言葉として扱っています。すなわち、人の言葉であるが、神の言葉として信じて受け入れています。その結果、キリスト教徒は、聖書全体を「神の言葉」と信じる立場をとっています。その文学書の中に次の一節があります。

「神は……永遠を思う心を人に与えられる。」

（コヘレト三・一一）

人間が永遠を思うのには、いろいろなきっかけがあります。知っている人々の死に遭遇したとき、自分の死を感じたとき、自然界のふしぎさを感じたときなどです。上記の「コヘレトの言葉」の一節は、紀元前三世紀ころに書かれたものではないかと考えられています。それほど旧い時代の人も、さらにさかのぼれば、もっと旧い時代の人も、永遠の世界があると考えていたとしてもふしぎではありません。

筆者はロサンゼルスの「クレアモント霊園」（この名前が正しいかどうかを忘れましたが）という所に行ったとき、非常に大きな絵画がスクリーンのようになった美術館に入りました。縦十五メートル横二十メートルくらいもある巨大スクリーンに「十字架刑の様子」と「キリストの再臨の様子」を可視化した二枚の不思議な絵を見ました。その解説の声も聞こえてきました。特に、後者の絵は幾万の群衆が再臨のキリストを歓迎しているような絵でした。それは素晴らしい絵でしたが、同時に再臨を絵になどできないことを感じました。同じように天国を文章にして表現することは難しいことです。聖書の中に、天国の様子があまり語られていないのは、どれだけ語っても人間の言葉で言い表せないからだと思います。

人の思いは、他の動植物と違い、神の世界について思いめぐらす豊かなものです。このような人の思いそのものの中に、復活という世界を心に抱かせる力があります。しかし、旧約聖書の中には、「将来、メシアが復活する」というようなことは、書いてありません。旧約聖書に書いてあることは、先祖たちが神の国に行っているにちがいないという「人の思い」あるいは「信仰」がありました。旧約聖書には復活がありませんが、神が永遠を思う心を人の心に与えていることが、人の復活の準備になっています。「先祖の列に加えられた」という旧約聖書の表現の中にも、この「人の思い」が入っていると思います。

罪のあがない

アダムの罪のゆえに死が人の中に入り込みました。イエス・キリストの十字架によって人の罪があがなわれました。しかし、日本人にとって、なぜキリストが死ぬことによって全人類の罪がなくなるのかという理解が難しいと思います。

神が創造した世界の中で、もっとも高価なものが「いのち」です。その「いのち」は、血の中にあるというのが聖書の根本的な教えです。つまり血の中に命があるというのは、律法の教えなのです。なぜ「いのち」がもっとも高価なものであるかの説明は、言うまでもないことですから省略します。

「生き物の命は血の中にあるからである。」（レビ記一七・一一）

人間の一般的な常識によれば、この世で罪を犯した者は、そのつぐないをしなければ被害者から赦してもらえません。店から十円を盗んだ者は、多分店主か店員による注意だけで放免されるでしょう。百万円の場合は、警察につかまり、刑務所で服役しなければならないでしょう。

たとえば、旧約聖書では、牛を一頭盗んだ場合には、牛五頭をもってつぐなわせました。

羊一匹を盗んだ場合は、羊四匹でした。牛の方が高く、羊の方は安かったのです（出エジプト二一・三七）。人の犯す罪には、軽重があります。賠償金にも大小があります。そして、最高の値打ちのあるものは、人の命（死刑）です。ところで、イエスの命は、神であり人になった創造者の命ですから、イエスの血は全被造物を合わせたものより高価です。したがって、キリストの血は人類のすべての罪をあがなって余りあります。命は血の中にあるという律法の教えが、イエス・キリストの十字架上で流された血の背後にあります。

「この方（キリスト）こそ、わたしたちの罪、いや、わたしたちの罪ばかりでなく、全世界の罪を償ういけにえです。」（ヨハネ一、二・二）

旧約聖書では、血の通っている動物の血を代わりにして人間の罪を清めていました。その延長線上にイエス・キリストの十字架上で流された血があります。キリストの血は万物の創造者の血ですから、万物より高価です。では、なぜ神はそのような自己犠牲的な方法を取ったのでしょうか。それは元々神が憐みと愛の性質をもっているからです。

血を流すということは残虐なことであり、人間の会話の中で取り上げたくない話題です。しかし、人間が天国に復活することができたとしても、もし罪を持ったままでしたら、復活する意味がありません。イエス・キリストが復活してきた前に、十字架の死が必要でした。十字架と復活は切り離すことができないことでした。

人はイエスのように復活する

イエス・キリストの復活こそが全聖書の伝えたい事実でした。イエスの弟子たち（信者たち）は、イエスと同じように天国に復活することを信じました。新約聖書の後半「使徒書」の中の多くの部分が、キリストの十字架と復活、さらに信者の復活に関係する内容です。

「主イエスを復活させた神が、イエスと共にわたしたちをも復活させ、あなたがたと一緒に御前に立たせてくださると、わたしたちは知っています。」

（コリントII、四・一四）

死後、信者は復活して天国に行き、信じなかった人々は陰府《よみ》に行きます。人にとっては、地上、天国、陰府《よみ》の三つが「生きている所」ということになります。

「こうして、天上のもの、地上のもの、地下のもの（陰府《よみ》のもの）がすべて、イエスの御名にひざまずき、すべての舌が、『イエス・キリストは主である』と公に宣べて、父である神をたたえるのです。」

（フィリピ二・一〇—一一）

新約聖書には、信者の復活のことだけでなく、この地上での生活に関するいろいろな問題が記述されていますが、ここでは信者の復活に関することを中心に取り上げていくことにします。キリストの復活と人間の復活について、詳しく語っている聖書の箇所は、「コリントの信徒への手紙I」の第一五章です。この手紙は、キリストの復活のときには、まだ信者になっていなかったパウロという人が、クリスチャンになった後に書いたものです。パウロは非常に熱心なユダヤ教徒で、「イエス派」のユダヤ教徒（つまりクリスチャン）を迫害していました。その彼がクリスチャンを迫害するためにダマスコという町に行ったとき、非常に明るい光に照らされて路上に倒され、天からキリストの声だけが聞こえ、劇的な回心をしました。その一部始終が「使徒言行録」第九章に書いてあります。この後、パウロはクリスチャンになり、新約聖書の中に十三通もの手紙を残す最初の宣教師になりました。

十三通もの手紙といえば、新約聖書の実に四分の一以上になりますから、パウロについてもう少し説明する必要があると思います。イエスの十二弟子が漁師や徴税人というまったくの庶民であったのに対し、復活後に信者になったパウロは教育の高い人でした。ユダヤの「土地の人」ではなく、今のトルコのタルソスという町の有力者の子息、つまり「外地に離散していたユダヤ人」(「ディアスポラのユダヤ人」)でした。その当時、ユダヤ人では極めて稀であった「ローマ帝国市民権」の所有者でした。

また、パウロはヘブライ語とギリシャ語の読み書きができるいわゆるバイリンガルの人でした。それだけではなく、ユダヤ人の中でも非常に熱心であったユダヤ教パリサイ派に属する信者でした。彼が律法学者という職業についていたとは新約聖書のどこにも書いてありませんが、律法学者と同等の教育を受けていました。ですから、彼はローマ帝国、ギリシャ文化、ユダヤ人の宗教という三つの世界の最高のものを身に着けていたエリートでした。十三通の手紙には、イエスこそキリストであるという非常に熱心な信仰が書いてあり、論理的にも筆力の強い内容です。

パウロのことを「使徒パウロ」と呼んでいます。使徒とはキリストの復活を伝えるために、神によって遣わされた者を指します。十二名の弟子やバルナバとパウロという人が「使徒」というタイトルを付けて呼ばれていますが、その他に三名だけで、キリストの復活の証人に限られていますから、第一世紀をもってこの称号は終わっています。この「コリントの信徒への手紙Ⅰ」も使徒パウロの書簡の一つです。その第一五章には、キリストの復活と人間の復活について、詳しく論じられています。分かりにくい部分もありますから、筆者なりに解説すると、次のようになります。

コリントⅠ、第一五章の解説

キリストの復活は事実でした。私パウロにも復活のキリストが現れてくれました。（一—一一節）

キリストの復活は本当です。私たちもキリストのように復活します。（一二—一九節）

将来、この世の終末が来て、キリストが再臨してくる時に、見える形で出現してくる順番について言えば、先ずキリストが出現し、次に、キリストに属するいわゆる天国の信者と地上の信者が出現します。その次に終末になります。その終末のときには、悪魔が滅ぼされます。したがって、悪魔がつかさどっていた死そのものが、もはや無くなります。そして、キリストは全権を父なる神に返還します。（二〇―二八節）

キリストが復活したのは確かです。その復活にあずかりたいので、すでに死んでしまっている人々のためにまで洗礼を受けている人々がいます。キリストが復活したので、私パウロも命がけで伝道しています。（二九―三四節）

信者の中には、死んだ人がどのように復活するのかと質問する人がいます。死後のことは死んでみなければわからないではありませんか。しかし、一粒の種から多くの実が出てくるように、復活ということも、不思議なことですが、起こります。天国には天国にふさわしい体があります。それは地上の体とは違うものです。（三五―四一節）

天国の体（神の国の体）はもはや朽ち果てない体です。地上の体は弱いですが、天国の体は「霊的な体」です。（それは幽霊のような亡霊のようなものではなく）永遠に生きる体を持ったものです。アダムのような人間の体ではなく、キリストのような体です。土からできてい

る私たちの地上の体は土に帰りますが、天の体は復活したキリストのような体になり永遠に生きます。（四二―四九節）

終末・キリスト再臨のとき、地上に生き残っている私たち生者は、一瞬のうちに、永遠に朽ち果てない天国の体に変えられます。それは終末時のラッパの音と同時です。一瞬のことです。イザヤ書二五・八やホセア書一三・一四に預言されているように、死や死者の世界そのものがなくなります。キリストがすでに復活して、死に勝利しているからです。死というものはアダムの罪から始まり、その罪は律法を与えたけれどもなくなりませんでした。しかし、キリストは（アダムの罪を十字架であがない）復活して、死に対して勝利しました。ですから、地上で今も生き延びている諸君も、動揺しないで、信仰に励みなさい。（五〇―五八節）

以上です。

この「コリントⅠ、第一五章」で、特に強調されていることは、信者も復活することです。キリストを信じる者は、キリストの復活を信じるのであって、その者は天国に復活します。特に有名なのは第二〇節の次の句です。

「キリストは死者の中から復活し、眠りについた人たちの初穂となられました。」

（コリントI、一五・二〇）

春になると、麦畑の麦のどこかで最初の穂が出てくると、数日以内に麦畑全面の麦が穂を出すように、キリストの復活が初穂なら、信者はそれにならって天国に復活することを言っています。何もなかった麦の先から、急に穂が出てくるように信者の復活はふしぎなことですが、確かなことだということをパウロは強調しています。

信者の復活に関して、パウロは別の箇所でも、同じような内容を述べています。

「神は主（キリスト）を復活させ、また、その力によってわたしたちをも復活させてくださいます。」

（コリントI、六・一四）

「口でイエスは主であると公に言い表し、心で神がイエスを死者の中から復活させられたと信じるなら、あなたは救われるからです。」

（ローマ一〇・九）

人間は死んでも神の国（天国）に復活します。イエス・キリストの復活が事実であったからです。キリストを信じる人は、自分も死後復活することを確信しました。キリストの復活は人類に天国を確信させました。

霊が天国へ行き、天国の体をとる

死の瞬間から、人の体は朽ち果て始めます。すべては終わってしまいます。どれほど知能指数が高かった人でも、厚顔無恥な政治家でも、戦場に倒れた無念の人でも、どれほど歴史的に偉大な人物でも、死ねば地上の体は完全になくなります。地上の人は皆、死ねば、その瞬間に、もはや地上の人ではなくなります。聖書は人間の死をそのようなはかないものとして見ています。

「死ぬときは、何ひとつ携えて行くことができず、名誉が彼の後を追って墓に下るわけでもない。」

しかし、人間の霊は、天国（父とキリストが支配する神の国）に行きます。それが聖書の教えです。

（詩四九・一八）

「イエスを死者の中から復活させた方の霊が、あなたがたの内に宿っているなら、キリストを死者の中から復活させた方は、あなたがたの内にやどっているその霊によって、あなたがたの死ぬはずの体をも生かしてくださるでしょう。」

（ローマ八・一一）

「神は、その（天国に行く）保証として〝霊〟を与えてくださったのです。」

（コリントII、五・五）

「体を離れて、（霊が）主のもとに住むことをむしろ望んでいます。」

（コリントII、五・八）

霊の存在を知らないで聖書を読むならば、すでに述べてきたように、聖書を理解することは難しいといえます。聖書は、人間には霊のあることを前提にしています。それだけではなく、神は人間の霊を深く愛しています。それを新約聖書の「ヤコブの手紙」では、「ねたむほどに愛している」と表現しました。

「神は私たちの内に住まわせた霊を、ねたむほどに深く愛しておられる」

（ヤコブ四・五）

聖書では、人間が死ねば、体は土に帰り、その人の霊だけが天国か死者の世界（陰府《よみ》）に行き、生き続けます。つまり、体は滅びますが、霊は天国あるいは陰府《よみ》に行きます。

「塵は元の大地に帰り、霊は与え主である神に帰る。」

（コヘレト一二・七）

天国には天国にふさわしいその人の体があると言うのが聖書の教えです。

「わたしたちの地上の住みかである幕屋が滅びても、神によって建物がそなえられているることを、わたしたちは知っています。」

（コリントII、五・一）

ここで語られていることは、地上の体を幕屋（テント）にたとえ、天上の体を建物（ビルディング）にたとえていることです。天の体は地上の体と異なり、永遠の体になります。

陰府《よみ》には陰府《よみ》の体があると、聖書のどこにも書いてないのですが、あることが当然のように書かれています。ようするに、死んだ人は天国か陰府《よみ》に生きるのです。神が永遠に生きていますから、霊を持つ人間も生きています。ここから聖書の天国信仰が生まれてきます。

しかし、ここで聖書の約束が終わっているのではありません。この点が日本人には分かりにくい点なのです。聖書にはさらに先があります。この世は終末を迎え、キリストが再臨してきて、「最後の審判」があり、キリストを信じた人々は、完成された神の国で永遠に生き続け、悪魔とそれに従った人々は火によって「無」に帰します。そこまで語って聖書は終了します。終末に関する詳しいことは後述します。

では、神を信じないで陰府《よみ》に下った人は最終的にどうなるのでしょうか。十字架にかかって死んだ後、イエス・キリストは陰府《よみ》にくだり福音を語りましたが、陰府《よみ》の人々がイエスを信じたかどうかを聖書はまったく語っていません。この点に関しても後述します。

キリストは、信者が死んだ後に、どのように天国に昇って行くのかなどの詳しい道程については、一切語っていません。上述の説明は詳しいように見えますが、膨大な聖書から読み取れる一部に過ぎません。イエスはその独特の表現で、「**死んでいる者たちに、自分ちの死者を葬らせなさい。あなたは行って、神の国を言い広めなさい**」（ルカ九・六〇）と言いました。生きている間は一生懸命に生き、死んだときには神にまかせよ、ということになります。キリストは、「**ただ、神の国を求めなさい**」と言い、「**小さい群よ、恐れるな。あなたがたの父は喜んで神の国をくださる**」（ルカ一二・三一―三二）と言いました。つまり、信者の霊は天国に行き、新しい体を与えられるから、「恐れる必要はない。神の国（天国）が待っているのだから」と言って励ましています。

天使のごとくになる

死後に、天国に行って、親しい人々に再会するのでしょうか。聖書では、たとえば最後の審判の後、キリストが再臨して、その所で先に死んだ人々と再会すると書いてありますから再会するでしょう。

「それから、わたしたち生き残っている者が、空中で主と出会うために、彼ら（先に死んだ信者たち）と一緒に雲に包まれて引き上げられます。」

（テサロニケ一、四・一七）

信者は、死後、神の国で再会するでしょう。しかし、「やあ、久しぶりですね。その後いかがですか」というようなこの世的な再会ではなく、まったく新しい天国の体で再会するはずです。次の聖書の言葉は、すでに引用した言葉ですが、もう一度引用します。

「復活の時には、めとることも嫁ぐこともなく、天使のようになるのだ。」

（マタイ二二・三〇）

復活した後の天国での人間の様子を語っている聖書の箇所は、「天使のようになる」という以外はありません。すでに述べてきたように、この世とは次元の異なる天国（神の国）について、この世の言葉で説明することはできないからです。

では、「天使のようになる」とはどのような存在なのでしょうか。天使は、イエスの復活の時までは、よく出現しているのですが、聖霊降臨の後で、出現の機会が少なくなっています。その時から聖霊の働きが強くなり、天使が働かなくてよいようになったからだと考えられます。いわば天使の出番が少なくなったということです。

神が天使をいつどのように造ったかは、聖書の中にまったく書いてありませんから、わかりません。創世記の初めから、天使は当たり前のように出てきていますから、天地創造のときなのか、人間が創造されたころなのか、その後なのか、まったくわかりません。もちろん、いずれにしても、天使もまた神によって創造されたものです。なぜなら、神がすべてのものを創造したからです。天使について、もう少し詳しく説明します。

聖書を読む限り、相当数の天使がいたことを知らされます。神が何かをする場合には、天使を遣わしています。創世記第一九・一以下において、二人の天使が、アブラハムの甥ロトのところにやってくる物語があります。また、列王記上第一九章では、預言者エリヤがつかれはてて眠っている所に、天使がやって来て「起きて食べよ」と言って、食物を与えエリヤを励ましました。その他の箇所においても、天使は神の使いになっています。ゼカリヤ書では、幻を解釈する者（一・九—一四）、ダニエル書では「見張りの天使」（四・一〇）など、さまざまな務めを行っています。

天使の中には、「天使長ミカエル」（ダニエル一〇・二一）とかの位のついた名が登場します。名の付いた天使は聖書の中間時代の黙示文学書におもに出てきますが、それほど多くはありません。新約聖書に至っては、イエスの懐妊をマリアに告げる天使としてガブリエル（ルカ一・二六）という名の付いた天使が現れ、キリストの復活の日に、墓の入り口を塞いでいた岩の上に天使が座っていました。使徒書の中でも、「サタンでさえ光の天使を装う」（コリントⅡ、一一・一四）というように、「天使」という言葉が出てきます。しかし、全体的に、聖霊降臨後では、天使の出現は少なくなり、専ら聖霊の働きが語られます。聖霊の直接的な働きが活発になり、天使の出現が少なくなりました。

このように見てきますと、天使は神から派遣され、なんらかの神の考えを伝える役目あるいは実行する役目を持っていたことが分かります。死後、死人は天使になるのではありません。天使に似たようなものになるというのがイエスの約束です。それは地上の人間のようではなく、罪のない人間になるという意味です。罪のない状態の人間がどのような人間なのかはやはり想像できません。そのような意味を含んで、イエスは信者を「天使のようになる」と約束していると考えられます。

天国語を話すのですか

使徒パウロは、あるとき、幻の中で、天の楽園に行き、そこで「天国の言葉」を耳にしたというふしぎな体験をしています。

「彼（パウロ）は、楽園まで引き上げられ、人が口にするのを許されない、言い表しえない言葉を耳にしたのです。」

（コリントII、一二・四）

この聖書の箇所は、本当にふしぎな内容です。パウロはこの経験を十四年前にしたのだと、時まで明確にしていますから、自分の人生の中で忘れ得ない出来事だったと思われます。たった五節だけの短い記述ですが、聖書の中に、このようなことまで記述されているということは、聖書は本当にふしぎな書物です。なぜなら、たとえ愚かな質問だと思っても、誰でも一度は「天国では、死者は何語でコミュニケーションをとっているのだろうか」と考えるのではないでしょうか。なぜなら、地上ではいろいろな知らない外国語が語られているからです。パウロが聞いた天国の言葉は、彼にも理解できない「言い表しえない言葉」だったのです。天国は、この地上とはまった異なった次元の世界であり、わたしたちの想像をはるかに超えたところだと示唆しています。

「眠ったまま」について

あるクリスチャンは、死後直ちに神の国に行くのではなく、終末・キリスト再臨時まで「眠ったままの状態」でいると考えています。筆者はこの考えを受け入れていませんが、考え方だけを紹介します。聖書に次のような句があります。

「イエスが死んで復活されたと、わたしたちは信じています。神は同じように、イエスを信じて眠りについた人たちをも、イエスと一緒に導きだしてくださいます。」

（テサロニケー、四・一四）

ここでは、死者がいつどこから導き出されるかを語っていません。また、「イエスを信じて眠りについた人たち」という表現は、死んだ後、信者も眠ったままであり、終末のときに「導き出される」と理解しようとすればできます。

「驚いてはならない。時が来ると、墓の中にいる者は皆、人の子（イエス）の声を聞き、善を行った者は復活して命を受けるために、悪を行った者は復活して裁きを受けるために出て来るのだ。」

（ヨハネ福音書五・二八―二九）

この文章を読むと、キリスト再臨のときまで信者も未信者も全員眠ったままだと理解しようと思えばできます。しかし、死後直ぐに天国に行くという今まで語って来たイエスやパウロの教えと整合性を持ちません。死後「直ちに」天国に行くということは、新約聖書を書いた人々の身になれば、それほど難しいことを言っているわけではなく、当たり前のことを言っているということが分かります。使徒パウロは明解に次のように語っています。

「一方では、この世を去って、キリストと共にいたいと熱望しており、この方がはるかに望ましい。」

（フィリピ一・二三）

新約聖書の著者たちは、イエス・キリストが復活してきたことを伝えたいために書いています。イエス・キリストが復活したならば、彼を信じる人々も、ただその信仰によって神の国（天国）に復活するはずです。キリストの再臨まで「眠ったまま」でいるとは考えられません。新約聖書がイエス・キリストの生涯を「福音」と称するのは、キリストを信じるすべての人が、死んだ後に、自分も復活すると約束されているからです。これを信じてキリスト教徒は死んでいきます。

結論として言えることは、キリストを信じる人は、その人の霊が死後直ちに神の国（天国）へ行き、新しい天の体に復活するということです。

「神は主（イエス・キリスト）を復活させ、また、その力によってわたしたちをも復活させてくださいます。」

（コリントⅠ、六・一四）

未信者の死後について

未信者の死後については、神の事柄であり、ここで取り上げるのは慎重でなければなりません。新約聖書の中にすら詳しく書いてないのですから、むしろ、控えるべきかもしれません。しかし、日本はキリスト教の国ではありませんから、何も語らないで終わることもできません。

筆者の先祖は地方の農民でした。分かる範囲で考えれば、誰一人クリスチャンはいませんでした。筆者の先祖の数は計り知ることができません。筆者と同じ境遇の人類は、人類の歴史の中に無数にいます。キリストの復活を知らなかった彼らは、死んだ後、どこに行ったのでしょうか。すでに述べてきたように「ペトロⅠ、三・一九―二〇」によれば、イエス・キリストは、十字架の上で死んだ後、復活してくるまでの三日間「捕らわれていた霊たちの世界、ノアが箱舟を作っていた時に神を信じなかった人々の世界」へ行き、その死者たちにも福音を語ったと記されています。筆者の先祖たちも、その中に含まれています。

人類の非常に多くの人々は、聖書のことを全くしらないで死にました。筆者はこの原稿を書くにあたって「聖書の教えから一ミリも超えないように」と思って書き始めました。それは「死と天国」という神聖な領域に立ち入るわけですから、自分勝手な思いをできる限り避けるためでした。しかし、ここでは預言者のようになったつもりで、筆者がその聖域に入ることを許していただきたいと思います。イエス・キリストは天地創造の偉大な神が人になった人でした。神（主《しゅ》）がそのような人を地上に送り込まれ、十字架の上で罪人のために犠牲の血を流されたということは、神の最大限の寛容と広い心を示していると思います。

クリスチャンを迫害していたパウロを、神はわざわざ選び出して宣教師とし、新約聖書の中に四分の一以上の文書を残させています。パウロは「なぜ神は私を選んだのか」と生涯悩んだことでしょう。人には生涯悩まなければならないほどのことがあります。筆者の先祖たち、また全世界の未信者たちは死後どうなっているのでしょうか。これは悩ましい問題です。パウロは一人でも多くの人々にキリストの復活を知ってほしいと、生涯を独身のまま伝道にささげました。そのパウロが次のように言っています。

「高い所にいるものも、低い所にいるものも、他のどんな被造物も、わたしたちの主イエス・キリストによって示された神の愛から、わたしたちを引き離すことはできないのです。」

（ローマ八・三九）

ここで語られている「高い所にいるものも、低い所にいるものも」という句が、具体的に何を指しているのか、注解者によって異なりますが、パウロが語りたいことははっきりしています。神のはげしい愛からは、だれも逃れられないということです。この句は神の愛の高さ、深さ、広さを高らかに謳いあげているパウロの心の叫びだと思います。筆者の先祖たちも、世界中の未信者の人々も、神の愛からはずされることはないと思います。これは「信者じゃなくても救われる。みんな、みんな救われる」という軽い意味ではけっしてありません。神の愛が激しく深く広いものであるということを意味しているということです。

筆者の先祖たちは、すべて霊を持つ人間でしたから、死んだ後、「陰府《よみ》の国」で生きているはずです。それが聖書の教えです。彼らが最終的に天国にあるのか陰府《よみ》にあるのかを誰が言えるのでしょうか。ただ、筆者は、先祖たちが神の憐みと愛の中にあると考えます。すべては、終末とキリスト再臨の時に明らかにされるはずです。

「エホバの証人」（ものみの塔）の信者は、終末・再臨を特に強く主張します。筆者は「エホバの証人」と何の関係もありませんが、彼らが終末と再臨を強く主張するため問題を引き起こしていることをよく耳にします。たとえば、もはや仕事をしている場合ではなく、会社を辞めて終末を迎えなければならないとまで考える人がいます。実は、一般のキリスト教会の中でも、「エホバの証人」教団の問題は難しい問題になっています。教会の玄関に「わたしたちの教会はエホバの証人と関係ありません」とわざわざ張り紙を掲示している教会すらあります。

筆者自身は、仏教、仏教系の新宗教、神道、神道系の新宗教、その他百も二百もある新しい宗教が存在する日本社会の中で育ちました。聖書はそのような日本人をどのように見ているのでしょうか。筆者はそのような多くの宗教の信者の方々も、神の激しい愛からもれることはないと信じています。これはそのような宗教を良い宗教だと言っているのではなく、十字架によって示された神の愛の深さと広さを語っているのです。神は全ての人の霊に対し「ねたむほどの激しい愛」を持っているからです。

終末とキリスト再臨に関しては、日本人の多くの人にとって関心のあることがらですから、一言ふれておきたいと思います。筆者は終末・再臨を信じていますけれど、それがいつであっても受け入れ、日常生活をいつものように過ごしたいと願っています。

五百年前の宗教改革の時代にも、この問題はありました。あるとき、宗教改革者のマルチン・ルターが、終末について質問され、「私は、明日、終末を迎えるならば、今日リンゴの木を植える」と答えたことは有名です。つまり、じたばたしないで、いつも通りの信仰深い生活をしておればよい、という意味です。彼は終末を否定しているのではなく、終末だけを取り出して、教会を混乱させることを憂えています。現在のキリスト教徒の多くは、概ねルターと同じような理解をしています。すなわち、終末を信じて期待していますが、それはいつになるかは分からないのだから、日常の生活を続けていくというものです。

以上で天国（死後の世界）についての聖書の説明を終わります。繰り返しになりますが、もう一度、箇条書きにすると、次のようになります。

1　キリストの復活を信じるならば、たとえ人が死んでも、キリストと共にその人も天国にふさわしい体をもって復活する。それは当然天国（神の国）へ復活する。

2　終末・再臨においては、イエス・キリストを信じて死んだ人々は、キリストと共に復活の新しい姿で空中に現れ、今も、現に、地上に生き残っている信者が、瞬間的に復活の姿（天の姿）になって現れ、空中でキリストと先に死んでいる信者と再会する。

3　ヨハネの黙示録が教えるように新天新地が完成される前に、もし千年の平和な時代が地上にやってくるなら、キリストが地上を統治し、すべての復活に与った信者が協力するであろう。千年王国については、黙示文学的表現であり、解釈者によって異なるので、これ以上は言えない。

4　キリストによる最後の審判がなされるときに、すでにキリストと共に復活した人々も、未信者も、神の裁きに服すであろう。それがどのような判決であろうと、十字架の上で人類のために犠牲になったキリストであるから、その愛を信じ、信者は審判を喜んで受け入れる。未信者がどのように裁かれるかは、ただ神の憐み深い手に委ねる以外にない。

5　今も地上に生き残っている信者は、キリストの復活を信じ、自分が天に召される時を、希望を持って待つのである。

6　天国の自分の姿や生活について、地上の人は考えるかもしれないが、それは想像をはるかに超えた世界であるし、「隠された事柄」であるから、神の手に委ねる以外にない。

以上が聖書から導き出される信者の神の国信仰（天国信仰）です。

第3節　イエスの「神の国」の教え

イエスは、生前、「神の国」について話していました。これは死後に行く神の国がどのような国であるのかを想像させます。

「マタイによる福音書」では、「神の国」と言わないで「天の国」と言っています。内容は「神の国」も「天の国」も同じです。マタイは、ユダヤ人のものの考え方を代表するような人でした。ユダヤ人は「主という神の名をみだりに唱えるな」（出エジプト二〇・七）という十戒の教えに忠実でしたから、「主」という言葉を発しないようにしていました。同じような意識から、マタイは「神」という言葉すら避け、「天」という言葉にしたと考えられます。筆者は、「神の国」あるいは「天の国」、「天国」という三つの言葉で話を進めます。「天国」という言葉は、その人により特別な思い込みがあります。また、日本語の「天の国」と「天国」は多少のニュアンスの違いがあります。それで「神の国」という言葉を主に用いて話を進めます。

イエスは、「神の国」から派遣されていました。それゆえ、この世の人が神を信じていないことを嘆きました。イエスにとっては、自分がこれから語る地上の生活も、死後の神の国も、将来の新天新地も神の国であり、自分が支配している所ですからまったく同じです。人間にとっては、地上の国だけを知っていますが、死後の国や将来の新天新地は時空と次元を超えています。それゆえ、イエスの立場に立てば、ごく当然のことを語っていたとしても、罪の多い人間の立場に立てば、何を言っているのか分かりにくいものにならざるを得ませんでした。次の句は、イエスの言葉です。

「わたしの国は、この世には属していない。」

（ヨハネ一八・三六）

神の国では、旧約聖書時代のアブラハムもモーセもエリヤも生きています。イエスにとって、アブラハムもイサクもヤコブも今神の国に生きています（イエスが生れてくる前、ついこの間まで、イエスが会っていた人々です）。

「『わたしはアブラハムの神、イサクの神、ヤコブの神である』とあるではないか。神は死んだ者の神ではなく、生きている者の神なのだ。」

（マタイ二二・三二）

イエスはその神の国から来ました。そのようなイエスの立場に立って読むと、よく分かる新約聖書の箇所がいくつもあります。あるいは、イエスの弟子の立場になってみると、イエスの話がもう少しよく分かるかもしれません。イエスは弟子たちに次のように言いました。

「あなたがたには神の国の秘密が打ち明けられている。」

（マルコ四・一一）

イエス以前の旧約聖書の時代は、「先祖の列に加えられた」というような漠然とした言い方で神の国を語りましたが、イエスは「わたしが来たのはその神の国からですよ」（「天の国は近づいた。」マタイ四・一七）というようなはっきりした言い方でした。もちろん、それでも弟子たちはイエスを十分に理解していませんでした。弟子たちが分かったのは、復活後に聖霊が送られて来てからでした。弟子たちに聖霊を経験させ、圧倒的な神の力（聖霊）によって初めて復活という事態を把握させ、イエスがキリスト（メシア）であることを信じさせて行動を起こさせました。そして、キリスト教信仰が新しいユダヤ教としてスタートしました。それが今日に至るキリスト教です。

イエスは弟子たちに次のように言いました。

「あなたたちは、聖書も神の力も知らないから、思い違いをしている。」

（マタイ二二・二九）

この言葉がどんな時に語られたかというと、イエスが「天国では皆天使のようになるのだ」と言った時でした。生きている人間は、「天国でまた会いましょう」「天国でも夫婦になりましょう」などと言いますが、そのような考えに対して、イエスは「思い違いをしている」と言っています。天国には結婚も死別もありません。天国と地上の国はまったく異なった次元の世界です。仮に、死後において、天国で親や兄弟（姉妹）また配偶者や子や孫に会うことがあったとしても、「やあ、変わりありませんか。地上では、大変お世話になりました」などと言うことは考えられないということです。皆天使のごとくになり、地上の様子とは全く異なった、想像もできないような世界だということです。したがって、地上の人間があれこれ想像すると、「思い違い」をしてしまいます。イエスが非常にふしぎな人（神が人になった人）であったことを前提に、イエスが語る神の国について考えてみましょう。イエスは三つの次元の異なる神の国を語りました。もちろん三つともイエス自身が支配している国です。

（1）今、現に、生きている人の心の中にできる神の国

イエスは、活動の最初に「悔い改めよ。天の国は近づいた」（マタイ四・一七）と、言いました。自分が来たことを、神の国が近くに来たことだと言いました。地上に生きている間、人間が心の中で天国に生きているように生きていれば、死後そのまま天国の生活に移されるはずです。そのような、いわゆる理想的な生き方をイエスは地上の人々に求めました。イエスの教えが、「敵を愛せよ」とか「腹を立てるな」「復讐するな」（マタイ五章）など地上では守り切れない理想論でしたが、イエスは神の国の人であり、そこから地上に遣わされてきた人ですから、当然このような教えになります。なぜなら、神の国はそのような理想的なところだからです。地上に生きている人の心の中にできる神の国について、イエスは次のように語っています。

「（神の国は）からし種のようなものである。土に蒔くときには、地上のどんな種よりも小さいが、蒔くと、成長してどんな野菜よりも大きくなり、葉の陰に空の鳥が、巣を作れるほど大きな枝を張る。」

（マルコ四・三一―三二）

このたとえ話は、地上に生きている人の心の中にできる神の国についてです。からし種は非常に小さな種ですが、成長すると大きな草というか木のようになります。人の心の中に膨らんでくる神の国が、初め「そんなもの（神の国）があるのだろうか」という小さな思いから出発し、キリストを信じるようになって数年経つと「霊的な世界」に目が開かれて、より具体的に死後の世界とか天上の神の国についての想像が膨らみます。この「神の国は種のようなものだ」というたとえ話は、神の国が信者の心の中に芽生え、地上に生きている間に、よりはっきりしてくるという意味です。

しかし、イエスの教えは「なになにのようなもの」というような言い方で、けっして具体的なものではありませんでした。かりに具体的な話をしようとしても、地上と比較できないわけですから話しようがありませんでした。

同じ意味で、イエスは「**天の国はパン種に似ている**」（マタイ一三・三三）と言いました。パン種（イースト菌）は、少量でもパン全体を大きく膨張させます。これは人の心に宿った天の国への信仰が初め小さくても、やがて大きく成長して確かな天国信仰に発展していくことを教えています。

イエスの説教の中に「**わたしが命のパンである**」（ヨハネ六・三五）という句があります。イエスを食べる（信じる）ことにより、永遠に消えない生命をもつことができることを指しています。神の国とは、この地上において神（父なる神と子なる神が一つになった神）を信じる人々の心の中の国であることを指しています。信仰を持つことは、心の中に神の国が芽生え、成長してゆくものです。イエスの語った神の国の第一は、今、現に、生きている者の心の中にできる神の国でした。

「あなたがたには天の国の秘密を悟ることが許されているが、あの人たちには許されていないからである。持っている人は更に与えられて豊かになるが、持っていない人は持っているものまでも取り上げられる。」

（マタイ一三・一一―一二）

「イエスを信じない者は、ますます信じなくなる」というのは、非常に厳しい言葉ですが、信仰というもののふしぎさをよく言い表しています。物わかりの良い高齢者が、歳とともにますます不信仰になることがあります。そうかと思うと、高齢になってからますます信仰篤い人になることがあります。心の中に膨らんでくる信仰というものは、非常にふしぎなことに、どんどん広がり、大きくなってゆくことがあり、また逆もあります。イエスはこのような地上の人の心の中にできる神の国を語りました。

(2) 死後の神の国(天国)

人が死んでから行く神の国(いわゆる天国)について、実のところ、イエスの教えは決して多くありません。前章の「死」についてのところで説明したように、旧約聖書の律法も新約聖書のイエスの教えも、この世をいかに生きるかでした。新約聖書の天国についての言説が、イエスの中に少ないのも同じ理由です。いくら天国について説明しても、この世の人には想像すらできない所ですから、多くを語りませんでした。イエスが語った神の国は具体的な話ではなく、何々のようなものという抽象的な表現でした。次の句はその代表的なもので、天の国はぜひ行きたいと思うほどによい所だと言っています。

「天の国は、次のようにたとえられる。畑に宝が、かくされている。見つけた人は、そのままかくしておき、よろこびながら帰り、持ち物をすっかり売りはらって、その畑を買う。」

（マタイ一三・四四）

天の国は、もしこの世の言葉で説明するなら、この世の宝物を全部売り払っても買いたくなるようなものだということです。

また、イエスは天国の住人になった人が、地上の人より幾倍も聖化された人々であることを、「バプテスマのヨハネよりすばらしい」と言っています。バプテスマのヨハネは、イエスに洗礼を授けた人で、人々から尊敬されていました。地上の人間としては、最も信仰の篤い人でした。しかし、天の国の住人は、すべての人々がヨハネ以上の人に聖化されています。

「女から生まれた者のうち、ヨハネより偉大な者はいない。しかし、神の国で最も小さな者でも、彼よりは偉大である。」

（ルカ七・二八）

また、天国の住人は、みなこの世の人とはちがうことを、次のように言いました。この言葉は、前記した言葉ですから繰り返しになります。

「復活のときには、めとることも　嫁ぐこともなく、天使のようになるのだ。」

（マタイ二二・三〇）

「心を入れ替えて、子供のようにならなければ、決して天の国に入ることはできない。自分を低くして、この子供のようになる人が、天の国でいちばん偉いのだ。」

（マタイ一八・三―四）

子どもの心は純真で、素直に神を信じます。神の国の住人は、みな天使のような人、子どものように純真な人です。地上と天国は次元の異なる世界ですから、「天国はぜひこうあってほしい」というような、地上の人間の不確かな期待などはしない方がよいと思います。聖書を読む限り、「神の国（天国）」は、目に見える天地・宇宙と別ものです。天地・宇宙は、目に見える、単なる被造物にすぎません。人間は、地上の物質に元素記号を付けて分類しています。しかし、たとえば、聖霊には、そのような元素記号はありません。なぜなら、聖霊はこの世のものの中にないもの、つまり目に見える物ではないからです。

このように、根掘り葉掘り霊の説明をし始めると、なにか新興宗教の説明のようになります。そのため、日本のキリスト教会では、このような説明を聞くことが少ないと思います。むしろ、日本のキリスト教会は、天国の話などはあまりしないで、レベルの高いキリスト教教理を解説する傾向にあります。それは結果的に日本人を聖書の真理から遠ざけているかもしれません。

さて、使徒パウロは、天国をどのように考えていたのでしょうか。パウロは、自分が死んだ後、直ちにキリストのもとに行くことを当然のように語っています。

「体を離れて、主のもとに住むことをむしろ望んでいます。」

（コリントII、五・八）

「（私は）この世を去って、キリストと共にいたいと熱望しており」

（フィリピ一・二三）

「（私が）世を去る時が近づきました。……今や、義の栄冠を受けるばかりです。」

（テモテII、四・六―八）

パウロにとって、神の国（天国）はキリストが直接支配しているところで、そのキリストに会えるところでした。パウロは神の国（天国）を父なる神とキリストが支配している理想的なところだと信じていたと考えられます。

（3）新天新地の神の国

聖書は神による天地創造があったからには、必ず天地の終末があることを予言しています。これは聖書の非常に強い主張です。旧約聖書では、「主の日」（アモス五・一八）とか「その日」（ゼカリヤ一四・九）などという表現で語られます。新約聖書にいたっては、より具体的になり、終末の時には、キリストが再臨し、悪魔・悪人が裁かれ、天地が一新されて神の国が完成されると予言しています。イエスの語った第三番目の「神の国」は、この完成された新天新地の神の国です。

「人の子（イエスのこと）が、大いなる力と栄光を帯びて雲に乗って来るのを、人々は見る。」

（マルコ一三・二六）

これはイエス・キリストの再臨に関するイエスの直接の予言です。キリストが再臨して来るという教えは、未信者の多い日本では唐突な事柄ですが、聖書の中ではごく当たり前のこととしてしばしば語られています。さらに、新天新地という神の国の完成までも語ります。イエスがこの聖句のように明言し、パウロが手紙の中で再臨がすぐにやって来ると語り、「ヨハネの黙示録」に至っては「早く来てください」という文章が結語になっています。

聖書は、神が天地を創造したからには、必ず天地を終わらせる時が来るという論理的な確信に基づいて終末を語ります。そのとき「新しい世界」を神が創り出すというのが聖書の約束です。もちろんその新しい世界は今まで語ってきた神の国と本質的に変わりないはずです。

イエスの説教の中には、はっきり「新天新地を創造する」とは表明されていませんが、初代のクリスチャンたちは、神の国へ行った人々が地上に生き残っている人々と共に、完成された神の国へ引き上げられることを信じていました。少し横道にそれますが、イエスの弟子たちの理解を加えます。次の一節はイエスの言葉ではなく使徒パウロの言葉です。

「合図の号令がかかり、大天使の声が聞こえて、神のラッパが鳴り響くと、主御自身が天から降って来られます。すると、キリストに結ばれて死んだ人たちが、まず最初に復活し、それから、わたしたち生き残っている者が、空中で主と出会うために、彼らと一緒に雲に包まれて引き上げられます。このようにして、わたしたちはいつまでも主と共にいることになります。」

（テサロニケ一、四・一六―一七）

イエスが再臨して来る時、どのような国が到来するというのでしょうか。そのことについて、イエスははっきり語りませんでした。なぜ語らなかったのかという理由も語られていません。しかし、すでに幾度も述べてきたように、死んでから行く世界が、この世と比較できないような国であるならば、その先にある新天新地という完成された神の国を説明しても、なおさら人間には分からないでしょう。弟子たちも、キリストが再臨して神の国が完成されることを語っていますが、けっして具体的な説明をしているわけではありません。次の句は使徒ペトロの言葉です。

「わたしたちは、義の宿る新しい天と新しい地とを、神の約束に従って待ち望んでいるのです。」

キリストの再臨（絵・井上達夫）

（ペトロII、三・一三）

さらにヨハネの黙示録は、黙示文学的な表現方法で語りますから、読む人によって意味内容が異なります。そこでは次のように言っています。

「わたしはまた、新しい天と新しい地を見た。最初の天と最初の地は去って行き、もはや海もなくなった。……神は自ら人と共にいて、その神となり、彼らの涙をことごとくぬぐい取ってくださる。もはや死はなく、もはや悲しみも嘆きも苦労もない。」

（ヨハネ黙示録二一・一—四）

そもそも新天新地は人の理解を超えていますから、通常の表現で語ることができません。実は、このようなことを語るために、最もふさわしい表現方法があります。それが黙示文学的な表現です。上記のようなイエスの語った言葉「人の子が雲に乗って来る」とか、ここで語られている「最初の天地が去って行き」というような表現がこれに当たります。むしろこのような黙示文学的な表現以外に方法がないと言っても過言ではないと思います。

将来、やがて人々の愛が冷えていきます。親が子を殺し、子が親を殺します。友が騙します。しかし、そのようなことで終末が近いなどとは言っていません。戦争、飢饉、地震が起こります。しかし、それがまだ終末ではなく、最後に天変地異が起こります。星が落ち、太陽が暗くなります。それが終末のしるしです。これは聖書の時代の表現ですが、今の時代で言えば、終末には宇宙的な破壊が起こります。

終末の時に、神による裁きがあります。悪魔と彼に従った人々が神によって裁かれます。イエス・キリストは次のように言いました。

「驚いてはならない。時が来ると、墓の中にいる者は皆、人の子（イエス）の声を聞き、善を行った者は復活して命を受けるために、悪を行った者は復活して裁きを受けるために出て来るのだ。」

（ヨハネ五・二八―二九）

愛、柔和、平和の神が、なぜ恐ろしい裁きを断行なさるのでしょうか。それは悪魔が存在しているからです。イエスは、「終わりの日に、その者をさばく」（ヨハネ一二・四八）と約束しました。悪魔に従った者の中で、誰が裁かれ、だれがノアのように救われるのでしょうか。このことに関して、聖書は明確な基準を示していません。神を信じ洗礼を受けた人が救われるのでしょうか。洗礼を受けた人でも、極悪非道の人がいるではありませんか。神を信じていなくても正しく、かつ人の犠牲になって死ぬような人がいるではありませんか。誰が救われ、誰が裁かれるのか。その基準がないということは、信者に緊張を与えます。天国に招き入れられた人も再臨の時に裁かれるのでしょうか。救いの確証が欲しい！　しかし、すべては神の大権の中にあります。その神の大権によって、キリストは十字架の上で死に復活してきました。それを信じる者は皆救われます。聖書はそのように語っています。

筆者が聖書を読んでいて思うことは、「お前は絶対に救われるから大丈夫だ」と言ってほしいのに、そういう表現が聖書にはありません。「神はお前を愛している」とか「信じる者は救われる」という表現にとどまっていることをふしぎに思います。人間は自分が救われ天国に入れてもらえると言ってほしいものです。「愛している」というような表現や「信じれば」という条件が付かない表現を求めます。

それに対して、聖書はただ一方的に優しい声をかけるだけです。たとえば、次の聖書の言葉は多くのキリスト教徒に知られた言葉です。

「神は、その独り子をお与えになったほどに、世を愛された。独り子を信じる者が一人も滅びないで、永遠の命を得るためである。」

（ヨハネ三・一六）

聖書がこのような愛に満ちた言葉を語ったとしても、誰でも彼でも救うと言ったわけではありませんでした。イエス・キリストはただ十字架と復活を示しただけでした。しかし、人はこのことを軽く見てはいけないと思います。「先祖代々がキリスト教徒だったから、私はクリスチャンになりました」というのは、聖書のいう信仰ではないはずです。神は人間が自らの心でキリストを信じるのを待っています。

筆者はけっして洗礼を否定しているわけではありません。また、イエス・キリストを信じる者が救われるということを否定しているわけではありません。筆者は、聖書が何を語っているかを追求しています。聖書は限りのない神の激しい愛を示しています。筆者は人がそれにどう応えるかは一人一人の問題だということを言っているだけです。イエスは「神の国」からやって来て、地上で「神の国」について語り、「神の国」に戻って行きました。このイエスをキリストと信じる者は、神の国の住人としてふさわしい人です。

以上で、イエスが語った三つの「神の国」についての説明を終わります。最後に、第三番目の「新天新地である将来の神の国」に関しては、いくつかのふしぎな言葉が含まれていますから、それらを取り上げて、筆者なりの解説を加えます。それらは全て「ヨハネの黙示録」に書いてある黙示文学的な言葉です。

一つは「最後の審判」についてです。「最後の審判」とは、キリストが再臨して、天国にいる人々も陰府《よみ》にいる人々も全員を神の前に来させ、キリストが裁くことを言っています。イエスは説教の中で、この世で小さな者に善行をなしたか否かで、羊と山羊を見分ける羊飼いのように人々を見分けると言いました（マタイ二五・三一―四六）。すなわち、信者であろうが未信者であろうが、地上の行いによって最後に裁きを受けるというのが「最後の審判」です。さらに、「最後の審判」によって最終的に裁かれて地獄に行くことを「第二の死」（ヨハネ黙二〇・一四）と呼んでいます。第一の死は、もちろん地上の死のことを指しています。

次は「命の書」についてです。旧約聖書の「出エジプト記」に、イスラエルの民の一部が「金の子牛」の像を作り拝んだという事件がありました。その時、神がモーセに、「わたし（神）に罪を犯した者はだれでも、私の書から消し去る」（出エジプト三二・三三）という厳しい裁定をしたことが書いてあります。また、詩編にも「命の書から彼らを抹殺してください」（詩六九・二九）という句が出てきます。これらの句から分かることは、神に選ばれて天国を約束されている者の記録帳があることを示唆しています。しかし、おびただしい信者のすべての人名が記載されていると言う「命の書」については、詳しいことがよく分からないと言う以外にありません。この黙示文学的な表現が何を言おうとしているか不明です。

> 「（終末とキリスト再臨のときに）幾つかの書物が開かれたが、もう一つの書物も開かれた。それは命の書である。死者たちは、これらの書物に書かれていることに基づき、彼らの行いに応じて裁かれた。……その名が命の書に記されていない者は、火の池に投げ込まれた。」
>
> （ヨハネ黙示録二〇・一二―一五）

「命の書」とは、すべての人の地上での行いが記された記録帳があり、それによって救いの世界に招かれるという厳しい予言です。もし本当にそのような記録帳があるとしたら、人間は震え上がってしまいますが、キリストが十字架の上で血を流して清めてくださったという神の憐みにすがる以外にありません。キリストを信じる人の中にも陰府《よみ》・地獄に落とされる人がいるのか、逆に、陰府《よみ》に行った人々が、敗者復活のように、もう一度救いの世界に入れてもらえるのかというようなことは、聖書の中に書かれていません。人は皆、放蕩息子を暖かく迎え入れた父親のような神を信じ、神の憐みの手に委ねて死んでゆく以外にないと言えます。このことはキリスト教信仰の不確実性を語っているのではなく、キリストの復活という事実また神の愛の深さ、高さ、広さを語っていると理解すべきだと思います。

「千年王国」というのは、「ヨハネの黙示録」の中に少しだけ出てくる挿話です。最後の審判がなされる前に、千年間の平和な時代が地上にもたらされ、地上で迫害を受けたキリスト教徒が支配するという黙示的な挿話です。その後、悪魔が解放されて地上を荒らしまわろうとするのですが、神がそれを許さず、悪魔・悪霊たちを硫黄の池に投げ込んで滅ぼし、悪魔にそそのかされていた死人たちも一瞬にして滅ぼし去ります。その後に、神の国が完成します。すなわち、千年王国は、最後の審判が行われる前の、あるいは神の国が完成される前の地上における平和な国についての挿話です。この挿話の中で「第一の復活」という不思議な言葉が出てきますが、それを論じ始めると黙示文学的表現による屋上屋を重ねる議論になってしまいますから省略します。

もし時系列的にまとめると、終末とキリストの再臨が起こり、その後千年王国が現れ、その後悪魔・悪霊たちと悪人たちが消滅し、そして神の国が完成されるという順になります。「ヨハネの黙示録」が複雑な構成になっていますし、黙示文学的な表現になっていますから、読む人はいろいろな想像を膨らませます。そのため、「千年王国」、「最後の審判」について断定的に論ずることは誰にもできないことだと思います。ただ、言えることは、将来、イエス・キリストが再臨してきて、悪魔を滅ぼし、神の国を完成させるということです。

三番目の「神の国」が、以上のような終末・再臨後に完成される神の国であるため、多くの説明が必要になりましたが、分量が多かったから重要であったというわけではありません。新天新地である神の国に関する聖書の記述は、全体的に非常に少ないのですが、将来に関する不思議な表現があるため、説明が必要であったということです。イエスは、「現在の神の国」、「死後の神の国」そして「将来の神の国」について語りましたが、分量としては、全部合わせても、それほど多くはありません。「放蕩息子の話」とか「へりくだって生きよ」というような、この世の生活についての話の方が多くあります。やはり、イエスは、この世をいかに生きるかを話し、死後のことは死人に任せよ、ということを基本に据えていたことが分かります。

「時」の観念についても一言説明を加えておきます。新約聖書は紀元第一世紀以内に書かれましたが、その頃でさえ、すでに、「主が来るという再臨の約束は、いったいどうなったのだ」（ペトロⅡ、三・四）と言う人がいました。すなわち、「終末がまだ来ない、いつ来るのか」と言って不満を述べています。そういう人に対して、ペトロは次のように言いました。

「主のもとでは、一日は千年のようで、千年は一日のようです。」

（ペトロⅡ、三・八）

ここで語られていることは、一人でも多くの人がキリストを信じ、救われるように願って、神が忍耐しているのだから、人も「まだキリストの再臨がないけれど、一体いつになったら再臨するのか」などと言ってはならず、忍耐して待たなければならないと言っています。現代のキリスト教徒も忍耐して待っている状態といえると思います。

この世も、天国も、来るべき新天新地も、神にとってはすべて自分の支配している国です。人は三つの「神の国」に分けて考えますが、神・キリストにとっては三つの国が自身の治めている国ですから、すべていわば神の国です。

第4節　神の性質

天国とエデンの園について

創世記第二章に出てくるエデンの園は、人間の罪が生まれる前で、理想郷のように描かれています。しかし、エデンの園はけっして天国ではありません。エデンの園は神が創造した世界の一部です。ただ、人間の罪が存在しなかったので、理想的なところでした。そのような表現が聖書の中にあります。

「主はシオン（エルサレムの別名）を慰め、そのすべての廃墟を慰め、荒れ野をエデンの園とし、荒れ地を主の園とされる。」

（イザヤ五一・三）

この言葉は旧約聖書のイザヤという預言者の語った言葉です。エルサレムが破壊され廃墟となるのですが、神がそこをエデンの園のように回復してくださるという預言です。

天国は別次元の国ですから、「エデンの園が天国だ」と具体的な説明をしている聖書の箇所はありません。イエスは十字架の上で一緒に十字架にかけられた犯罪人の一人に「あなたは今日わたしと一緒に楽園にいる」（ルカ二三・四三）と語った有名な言葉があります。ここでは天国のことを「楽園」と語っていますが、それを「エデンの園」と直接的に結びつけることは難しいと思います。あくまでも「エデンの園」は地上における理想的な所なのです。天国が理想的なところという意味でのみ、天国とエデンの園を結びつけることはできると思います。

天国は幕屋を覆っている幕のかなたの国である

旧約聖書の中に、神の国（天国）を指し示しているものがあるとすれば、それは「幕屋」です。旧約聖書の「出エジプト記」第二六章と第三六章に、幕屋を覆う幕の話があります。幕屋とは、出エジプトのときに、モーセに示された移動のための組み立て式テント神殿のことです。イスラエル人は宿営地の中心に、この幕屋を設営しました。

レビ族の仕事は、この幕屋を持ち運び、組み立てることでした。レビ族は宗教部族で、祭司もその一氏族です。彼らは幕屋の周りに自分たちのテントを張り、その周りに十二部族が整然とテントを張りました。幕屋を中心にして宿営地全体が広がっていました。旧約聖書において、幕屋というものは隅っこにある小さなものではなく、イスラエル民族にとって、中心になるべきものでした。

宿営地に設置された幕屋の様子を見てみましょう。縦約五十四メートル、横約二十七メートルの敷地を白い幔幕《まんまく》で囲います。その敷地の中に、縦約一四メートル、横約七メートルの小屋を設置します。小屋といっても床はなく、天上（屋根）もありません。ただし、その木枠の上に幕を被せます。したがって、外から見た場合は、四角い小屋形のテントにみえます。それを日本語で「幕屋」と翻訳しています。

上を覆っている幕は一枚だけではなく、幾重にも被せられます。まず、白い布にケルビムという天使の模様が施された美しい布を被せます。その上に、山羊の毛を編んだ幕を被せます。その上に、羊の皮を赤く染めたものを縫い合わせた幕を被せます。さらに、その上に、ジュゴン（クジラのような海の哺乳動物）の皮を縫い合わせた幕を被せます。ようするに、四枚の異なった種類の幕を被せたものが幕屋です。中に入って上を見ると、太陽の光を受けて、ぼんやりした夕焼け（赤く染めた羊の薄い革のため）のような空にケルビムの模様が映し出されます。簡単に説明しましたから、想像しにくいかもしれませんが、たぶん、それは美しい天国のようなものではないでしょうか。幕屋は神がおられるところを暗示しています。その幕屋を中心にして、イスラエル民族は四十年間も荒野を旅しました。幕屋は、旧約聖書の隠れた主役でした。

内側から天井を見あげれば、非常に美しいものですが、遠くの外から見れば、荒野に灰色のジュゴンの革で一番外側を覆われた小さな小屋が見えるだけです。外見では大地と変わりないようなものを中心に、宿営地に大勢の人々がうごめいて見えたことでしょう。幕屋はちょうどイエスが内側は神のごとき美しさ、外側は一人の人間にすぎないように見えたようなものです。幕屋はキリストを預言していると見ることもできます。あるいは、幕屋は神の国を表しています。天井を見れば（天を仰ぎ見れば）、美しい天国が見えてきます。幕屋に関しては、さまざまな解釈がなされうると思いますが、「美しい天国（神の国）」を指し示していると言えます。すなわち、神の国はキリストを中心にした不思議な美しさに満ちていると言えます。

天国は父なる神とキリストが支配している国である

私たちは、天国を「穏やかな気候で、お花がいっぱい咲いている、平和なところ」と思うかもしれません。しかし、聖書が教える天国は、領土を持った国というよりも、神が直接支配している場所と言ったほうがふさわしいと思います。その神の性格、考え方を知れば、自ずから天国がどのようなところかを予想することができます。聖書の神を知れば知るほどに、人間は神がどのような神であるかを知り、天国がどのようなところであるかを知ることができるわけです。そのように考えれば、聖書全体が天国について語っている書物であるということができます。

「天」とはどこを指すのでしょうか。空でしょうか、空のさらに上でしょうか。現代の人間にとっては、空も宇宙も被造物ですが、宇宙の広がりを考えることが出来なかった時代では、青空のさらに上の方に神の国があると考えました。

「主は天に御座を置かれる。
御目は人の子らを見渡し
そのまぶたは人の子らを調べる。」

（詩一一・四）

この旧約聖書の「詩編」の一節によれば、平面になっている地上にいる人間を神が見ているという様子のもとに書かれています。この聖書の言葉が書かれた時代、多分二千数百年も前のこと、神が「天のさらに上の方にいる」と考えたのでしょう。「創世記」によれば、大空も太陽も星も神が創造した物ですから、神はさらにもっと上の方のどこかに居ると考えたのでしょう。

今でこそ「被造物の外の世界」とか「見えない別の世界」とか「次元の異なる第三の世界」とかいう表現をとることができますが、聖書の時代には、そのような言葉は考えられなかったと思われます。すなわち、「天」という表現で、神の国は目に見えない「別の世界」を指していました。

イエス・キリストが人々に祈りを教えた時、「天におられるわたしたちの父よ」（マタイ六・九）と父なる神に呼びかけていますが、この場合の「天」も空を指しているのではなく、さらにその上の神が居られる別の世界を指していたと考えられます。

次に、聖書の神は「父なる神」と「イエス・キリスト」という二人の神が一つになっている神を指しますが、両者の関係が分かりにくいので、筆者なりに説明を加えます。

イエスは、自分が子であることを、ことさら強調しませんでした。しかし、ごく自然に神を父とし、自分を子としてふるまっていました。イエスが洗礼を受けたときに、イエスは神の子であるという天からの声を聞き、十字架の上で死ぬとき、「父よ、わたしの霊を御手にゆだねます」（ルカ二三・四六）と言っています。父なる神とイエス・キリストの関係は、わたしたち人間の親子関係と同じであると言えます。しかし、人間の親子関係と異なる点が一つだけあります。人間の親子は、別人格ですが、聖書の神とその子の関係は非常に深く密接です。すなわち、イエスが地上に生きていた期間だけ父と子は別々でしたが、その期間以外は永遠の昔から永遠の未来に至るまで合体しています。

十二弟子の一人ヨハネは、イエスが父の「ふところ」（ヨハネ一・一八）にいます、と言っています。そこから出て、三十数年間だけ、イエスは地上に現れました。このことを指して、「キリストは、まったき神であり、まったき人となった」と、後の人々は言いました。平たく言えば、イエス・キリストは神であり、また三十年間だけ人になったということです。さらに、神の力である聖霊なる神を加えて、「三位一体の神」というキリスト教の教義が確立しました。この言葉を使った最初の神学者は、テルトゥリアヌス（一五〇／六〇年—二二〇年頃）でした。その後、キリスト教会の中で、いろいろな議論がなされましたが、三位一体の神が確定したのは、紀元三二五年のニケア（ニカイア、現在のトルコのイズニク）総会です。これは現在のカトリック教会の会議のことです。まだ、プロテスタント教会は生まれてもいませんでした。しかし、プロテスタント教会は、これらの歴史的なカトリック教会の教義を可能な限り受け入れています。

イエスは次のように言いました。

「わたし（キリスト）は天と地の一切の権能を授かっている。」

（マタイ二八・一八）

つまり、イエス・キリストは天地を支配する権能を父なる神から与えられていました。そして、悪魔が滅ぼされ、新天新地が現れ、神の国が完成された暁に、キリストは父なる神にすべてを明け渡します。

「すべてが御子に服従するとき、御子自身もすべてを御自分に服従させてくださった方（父なる神）に服従されます。」

（コリントⅠ、一五・二八）

新天新地が完成した時、つまりすべてが成就した時、父なる神が永遠に神の国を支配します。このようにして聖書は完了します。もちろん、その時、キリストがいなくなるわけがありませんから、父なる神とキリストは共にいます。父なる神とイエス・キリストは、永遠にその永遠の国を支配するでしょう。

神が万物の支配者であるということとの関係でいえば、神が万物の創造者、全能者であるという言葉も神の性質の中に加えて語られるべきですが、すでに述べてきたことの中に含まれていますから、ここでは省略します。

天国は慈しみと愛の国である

旧約聖書では、神が慈しみ深い神であると言っています。

「(主は) 幾千代にも及ぶ慈しみを守り、罪と背きと過ちを赦す。」

(出エジプト三四・七)

この「慈しみ」という言葉はヘブライ語の「ヘセド」ですが、「親切」、「恵み」、「大切に思う心」などいくつかの意味を内包しています。あいまいな言葉というと語弊がありますが、人間の言葉は、一言で言い表せない多様な意味を持っている場合があります。旧約聖書では、神はこの「慈しみ」の性質をもっている者として表現されています。その箇所は非常に多いので、ここでは省略します。聖書の神は、天地を創造する前から、もともとそのような慈しみ深い性質をもった神でした。

旧約聖書の中には、愛という言葉がないわけではありません。

「あなたは心を尽くし、魂を尽くし、力を尽くして、あなたの神、主を愛しなさい。」

（申命記六・五）

この「愛する」（アーヘーブ）というヘブライ語は、妻が夫を、親が子を愛するというような、日本語の「愛」に近い言葉です。すなわち、新約聖書の「アガペー」（愛）と全く同じではないということです。旧約聖書には、「愛」以上に「慈しみ」「憐れみ」「慈悲深い」という言葉が多く出てくるということです。

新約聖書の「愛」（アガペー）という言葉は、犠牲をともなった愛を表す言葉です。もっとも有名な、そして日本ではよく用いられる新約聖書の言葉は次の一節です。

「神は愛です。」

（ヨハネ一、四・一六）

これは「愛」が神であるという意味ではありません。神が愛という性質を持っていると言う意味です。「神は愛である」というこの言葉は、イエスの十二弟子の一人ヨハネの手紙の中の句です。ヨハネは、その頃、十代後半か二十代前半の青年でした。ガリラヤ湖で、父のゼベダイと兄のヤコブと共に漁師でした。母親はサロメという名で、共にイエスの弟子というか追従者になりました。

ヨハネは、イエスの死後、イエスの復活の証人として各地に伝道して、最後には迫害を受けパトモス島に流刑となりました。そこで「ヨハネの黙示録」を著しました。彼は、新約聖書の中の「ヨハネの福音書」「ヨハネの手紙」三通と「ヨハネの黙示録」の合計五つの文書の著者と考えられています。ヨハネはイエスの弟子として、イエスの中に愛という核心部分があることを見たと想像できます。すなわち、神の性質を言葉で表現すれば、犠牲をともなった愛（アガペー）という言葉で表現することが最もふさわしいということです。

つまり、旧約聖書では、「慈しみ」という言葉が多く用いられ、新約聖書では、「愛」という言葉が多く用いられています。これは、旧約聖書の「慈しみ」という言葉が新約聖書の「愛」という言葉に変換されたという意味ではありません。むしろ、十字架の上で血を流し人類の罪をあがなったキリストの行為を表現する言葉として、初期のクリスチャンが「アガペー」(「愛」)という言葉を規定したといえます。

愛という言葉には、ギリシャ語の「フィリア(友愛)」「エロース(恋愛)」などの類語が多くあり、その中から「アガペー」がキリストの犠牲的な、偏りのない愛を表現するために選ばれました。それまでは「アガペー」という言葉がけっして犠牲的な愛を表現していたわけではありませんでしたが、新約聖書によってこの語がキリストの犠牲的な「十字架の愛」を表す語として採用されたということです。神の国(天国)は、そのような愛が充満している所と言えます。また、その犠牲的な愛から出てくる人間同士の純粋な愛を言い表す言葉もアガペーになりました。ですから、キリストの犠牲的な愛と信者同士の愛とは同じアガペーという語です。

「互いに愛し合うこと、これがあなたがたの初めから聞いている教えだからです。」

（ヨハネⅠ、三・一一）

使徒パウロも、また、「愛」（アガペー）を神の中心的な性質としています。彼の十三通の手紙の中で、「喜び」や「平和」と言ったさまざまな人間の感情を、一つの貯水池から流れ出ている支流のように考えています。その貯水池とは、神の「愛」という貯水池です。有名な「愛は忍耐強い、愛は情け深い。愛は自慢せず、高ぶらない……」（コリントI、一三・四―）という表現に、人間のすべての徳の源を「愛」に置いていることが分かります。また、彼は聖霊を受け続けていると、ちょうど果物の実がなるように、神の性質である愛が人間の霊の中に流れ込んできて、人間の心に愛という実をならすと言っています。

「霊の結ぶ実は愛であり、喜び、平和、寛容、親切、善意、誠実、柔和、節制です。」

（ガラテヤ五・二二―二三）

「わたしたちに与えられた聖霊によって、神の愛がわたしたちの心に注がれているからです。」

（ローマ五・五）

聖書を読んでいると、神が厳格で、恐ろしい性質をもっているとは想像できません。イエス・キリストが、十字架の上で人類の罪をあがなうために犠牲の供え物になったというのは、神の性質の核心部分から出ている行為だと感じさせられます。そのような「慈しみ」と「愛」に満ちた神の支配しているところが神の国です。

天国はへりくだった人の国である

神が人になった、しかも人のために十字架にかかったということは、神の謙遜、へりくだりを表しています。

「キリストは、神の身分でありながら、神と等しい者であることに固執しようとは思わず、かえって自分を無にして、僕の身分になり、人間と同じ者になられました。」

（フィリピ二・六―七）

神はへりくだった性質を持っています。このへりくだりという性質は、分かり易い性質です。この世には、多くの権力者が闊歩しているからです。

筆者は仏教系の高等学校で学んだために、僧侶で教師をしている先生に多く出会いました。彼らに共通していたことは、謙遜な人柄でした。牧師の世界に入ってからも、同労者たちが皆等しく謙遜な人柄でした。宗教家たちが、長年の生活の中でそのような性質を身に着けてくるものだということを経験してきました。どの宗教でも人間の徳として謙遜を教えます。ただ、聖書の場合、神のもともとの性質がへりくだりであったというところに大きな特徴があります。この世には地位や学歴を誇る人々、あるいは自分を強く賢く見せかけようとする人々が多いと思います。聖書は人間が謙遜でなければならないと教えます。「神の国」は、謙遜な人々の国であるはずです。

「何事も利己心や虚栄心からするのではなく、へりくだって、互いに相手を自分より優れた者と考え……。」

（フィリピ二・三）

天国は義と平和と喜びの国である

使徒パウロは、神の国をこの世と比較して具体的に語ることをしていません。むしろ抽象的な表現で語っています。

「神の国は、飲み食いではなく、聖霊によって与えられる義と平和と喜びなのです。」

（ローマ一四・一七）

ここで語られている「義」という言葉は、「アダムの罪が、イエスの十字架によって清められ、神と人との良い関係が回復された」という意味です。つまり、「義」とはヘブライ語独特の関係概念の言葉です。アダムとエバが犯した罪によって、神と人との関係が壊れ、キリストの十字架の死によって、その関係が回復されたことを指しています。つまり、神の国では、神と人とが親しい関係（義）にあります。

もし批判的に聖書を読めば、旧約聖書の「ヨシュア記」や「士師記」に表されているような「殲滅《せんめつ》した」（皆殺しにした）とか「すべてを殺した」という恐ろしい神の性質が取り上げられます。しかし、それは神の行為ではなく、戦時における人間のことで、神は常に争いではなく平和を求めていました。

「平和をこそ、私は語るのに、彼らはただ、戦いを語る。」

（詩一二〇・七）

イエスは、十字架にかかる一週間前に、ガリラヤからエルサレムに来ました。エルサレムの城壁の中に入る時、ふしぎな行動をとりました。子ロバに乗り、城門をくぐりました。イエスを慕う人々は、自分の服や野原の木の枝を道に敷き、「ホサナ（おお、救いたまえ）」とイエスをたたえて出迎えたと書いてあります（マタイ二一・九）。つまり、イエスは軍馬ではなく、平和を象徴する子ロバにのって、十字架にかかるためにエルサレムに来ました。これは旧約聖書のゼカリヤの預言にそった行動でした。

「彼は……高ぶることなく、ろばに乗ってくる
雌ろばの子であるろばに乗って。」

（ゼカリヤ九・九）

イエスは、争いではなく、平和を求めました。人類は、キリスト以降も戦争を繰り返してきましたが、戦争が問題の解決になるのではなく、愛と赦しが人類の歩むべき道であることを示しています。イエス自身が次のように言いました。

「わたしは、平和をあなたがたに残し、わたしの平和を与える。」

（ヨハネ一四・二七）

この場合の「平和」は、人の心に満ちて来る平和のことです。そのような平和が神の国（天国）においては行き渡っています。

聖書の「喜び」という日本語は、陽気という言葉ではありません。快活という言葉もしっくりしません。イエスの説明によれば、出産のときの苦しみの後に湧き上がってくる、一人の人間が世に生まれてきたという、母親の喜びに例えています。

「女は子供を産むとき、苦しむものだ。自分の時が来たからである。しかし、子どもが生まれると、一人の人間が世に生まれ出た喜びのために、もはやその苦痛を思い出さない。」

（ヨハネ一六・二二）

愛を多く受けていると、人間の心には喜びが湧いてきます。聖書の「喜び」という言葉は、戦いに勝利した喜びではなく、キリストを知ることによって、神が愛に満ちていることを知り、人間の心に湧いてくる喜びという感情です。キリストはその人格の中に喜びという性質を持っていました。すなわち、神は悲しみの神ではなく、喜びに満ち溢れた性質をもった神であるということです。

人間は一生の間に、いろいろな悲しみを経験しますが、そのような時に、人の心は落ち込みます。しかし、絶望の淵に追い込まれるのではなく、また這い上がることができます。それは、世界が神によって造られたから、この世が続く限り、世界には神の喜びが漂っているからです。そのような意味の喜びが神の「喜び」です。したがって、神が「喜び」や「平和」という性質に満ち溢れているため、天国においても、死者たちは喜びや平和を享受しているというわけです。

天国は光の国である

「御父には、移り変わりも、天体の動きにつれて生じる陰もありません。」

（ヤコブ一・一七）

天国は、光の国です。それは影がないほどに万遍なく明るいところという意味です。なぜなら、神とその右に、あるいは父なる神のふところで、キリストが万遍なく光を発しているからです。地上においてキリストを心に持っている人は、多くの苦難という制限をもっていても、あたかも天国に生きているような、明るい気持をもって生きることができるという意味になります。死後においては、明るい神の国で、そのまま永遠に生きていることを指し示しています。

人は地上で多くの失敗を重ねます。その度に、人は落ち込み、暗い気持になります。あの時あのようにしておけばよかったと悔やみます。きっと使徒パウロもそのような経験を数多くしたと思います。そのようなパウロの経験から「人が失敗だと思うことも神の計画の中にある」というような積極的な考え方を学んだのだと思います。次のパウロの言葉は、明るく、光の下に人生をとらえようとする彼の経験から来るものと思われます。

「万事が益となるように共に働くということを、わたしたちは知っています。」

（ローマ八・二八）

これは地上の生活のことですが、天国は光の国ですから、地上の苦難はなく、非常に明るい世界であることを示しています。

天国は死のない国である

旧約聖書の「イザヤ書」に、「主は、とこしえにいます神」（四〇・二八）という言葉があります。「主」という神の名前は、永遠の昔から、今も、永遠の将来も存在しているという意味です。神は永遠に存在しています。神には死というものがありません。したがって、神と共にいる者は永遠に生きて存在します。

「彼らの目の涙をことごとくぬぐい取ってくださる。もはや死はなく、もはや悲しみも嘆きも苦労もない。」

（ヨハネ黙示録二一・四）

これら以外にも「天のエルサレム」（ヘブライ一二・二二）、「永遠の御国」（ペトロⅡ、一・一一）、「涙のない世界」（黙二一・四）などの表現が神の国（天国）を指し示しています。

このように見てくると、神の国は人の想像を超えていることを思わされます。聖書を知れば知るほどに、神の国が人の想像を超えた国であることを知らされます。

第Ⅲ章　地上に生きる

第1節　死ぬまで生きる

天寿を全うするまで生きる

人間が住んでいる地球は太陽系の中の八つの惑星の一つです。その外側には二千億個の星があるそうです。これを銀河系と称します。地球から肉眼で見える星の数は約八千六百個にすぎませんから、それ以外に約二千億個の星があるらしいです。

さらに、二〇世紀の初頭にアメリカの天文学者エドウィン・ハッブルが、太陽系を含んだ銀河系の外にも、さらに宇宙が広がっていることを証明しました。どのように証明したかは、難しい理論ですから筆者には分かりません。二千億個も星のある地球をふくむ銀河系の外に、一体いくつぐらいの別の銀河系があるというのでしょうか。ある人は千億個もの銀河系があると言います。

ところで、数の単位の「兆」の上は「京《けい》」ですが、その上は「垓《がい》」だそうです。垓という数字を見たことがありません。宇宙の星の数は二千億個の星×千億個の銀河系で約二百垓《がい》個ということになります。これが現在宇宙に存在している星の数と推定されています（中川人司、中川沙矢佳著『みんなの宇宙授業』くもん出版、二〇一〇年、五一頁より）。筆者の頭の中ではイメージを超える数です。

地球から見える一番近い星はケンタウルス座のアルファ星だそうですが、その星は太陽より少し大きいそうです。日本からはほとんど見ることはできませんが、南半球のオーストラリアからはよく見えるそうです。距離にすると約四光年あるそうです。さらに、地球を含む銀河系以外に別の運河系が千億個もあるとすると、宇宙の果てまでの距離は私たちの頭脳で理解できません。無限の宇宙という表現がふさわしいかもしれません。

太陽系は今から約四十六億年前にできたそうです。このような科学的な見方があったとしても、筆者は神が万物を創造したという聖書の教えを信じています。宇宙は神の箱庭のようなものに過ぎません。

「初めに、神は天地を創造された。」

（創世記一・一）

この聖書の最初の言葉は、なんと偉大な言葉でしょうか。神は天地の創造者、支配者、全能者です。人間は小さな塵のような者にすぎません。しかし、全能者である神は、人間の髪の毛一本一本までも知っています。

「あなたがたの髪の毛までも一本残らず数えられている。」

（マタイ一〇・三〇）

これはイエスの教えの一節です。神が全能者であり、人は小さなものにすぎないのであれば、人はその神の世界の中でただ死ぬまで生きて行くのみです。換言すれば、天寿を全うして生きて行くことが、人間の生き方だと思います。天寿と言う言葉は、歳を取って、体が弱くなり、衰えて死んでゆくことを指しています。現実には、人には不慮の死がありますが、人は歳をとって死んでゆくのが最も自然なことだと思います。しかし、それでも人の寿命には長短があります。

「人生はあなた（神）が定められたとおり、月日の数もあなた次第。あなたの決定されたことを人は侵せない。」

（ヨブ記一四・五）

生まれてすぐに死ぬ子もいます。かわいい幼子のときに死ぬ子もいます。生まれた時から難病にかかり、やがてベッドの上で成人になり、高齢になって死ぬ人もいます。働き盛りに突然召される人もいます。人の寿命は様々です。人は死のその瞬間まで生きて行かねばなりません。それが神によって創造された人間の定めだと思います。ただ神が存在しているだけでいいではありませんか。人はその根源である神のみを見つめて生きる者だと聖書が教えていると感じます。ハレルヤ。人は死ぬまで生きることができます。

筆者は三か月だけ失業の経験があります。毎日、散歩しながら、ぶらぶらしていました。ときには、近くにある大きな川の河川敷を歩きました。そこは野球場もある大きな河川敷でした。ある時、数名の警察官がいました。そのような所に警察官がいるのは極めて珍しいことでした。生い茂った藪の中に、いわゆる段ボール生活をしていた人の小屋がありました。彼が死んだということでした。そんな所に小屋があるということを誰も知らないような藪の中でした。「事件性はないと思います」と、警察官は言っていました。きっと、その住人の生命が果てたのでしょう。近くの段ボール生活の仲間の通報で発覚したようです。このようにして、人知れず死んでゆく人々が、年間に何千人もいます。一人の人間にとって、死ぬまで生きることは、大きなことだと思いました。人はいつどのように死ぬのかを知りません。死ぬまでただ生きるのみです。人の一生はただ神の手の中にあります。

「わたしは裸で母の胎を出た。裸でそこに帰ろう。主は与え、主は奪う。」

（ヨブ記一・二一）

隠退は肉体の衰えからくる人間の宿命です。定年で隠退する人は、その歳まで働くことができたことを感謝して隠退すべきではないでしょうか。しかし、現役の人にも隠退した人にも、一日は二十四時間あります。隠退後も何かをなしながら生きていかなければなりません。

「むしろ、あなたがたは、『主の御心であれば、生き永らえて、あのことやこのことをしよう』と言うべきです。」

（ヤコブ四・一五）

この言葉は、イエスの弟のヤコブの手紙の中の一節です。「いつかは死んでしまうのだから」と思って消極的な考え方をするのではなく、「あれもこれもやってみよう」というような積極的な考えを持つべきだと言っています。ヤコブは、人に何もせずに過ごせとは言いませんでした。人が生きているということは、その人なりに何かをなしながら生きることです。最期の一息まで、与えられている力をつくして生きて行くことが、聖書の教えです。

神の国を目指して生きる

人は高齢になると活動が鈍ります。若い人々のように仕事ができません。仕事のできなくなった人は、世を去るべきでしょうか。そのようなことはないはずです。遠大な宇宙の中で、老若男女が生きているのが地球の人です。重度の障碍者が、仕事をすることなく、ベッドの上で生涯を過ごしたとしても、それもまた何かを成していることになります。それが神の創造した人の世です。そして、人にとっての目的は神です。そして、神は永遠に生きています。

「わたしたちの本国は天にあります。」

（フィリピ三・二〇）

人間の社会がどれほど変わっても、人はイエス・キリストのように生きるべきだと思います。イエスはただ父なる神だけを目指して生きました。イエスは、あたかも神の国に生きている者のように地上を生きました。そして、イエスは人も神の国を目指して生きるように教えました。

第2節　イエスのように生きる

十字架を背負って生きる

『キリストに倣いて』(ラテン語『イミタティオ・クリスティ』)という書物は、中世末期の修道院生活のあり方を教えている書物です。そこにはイエスの生き方に倣った修道僧の生き方が書かれています。それは厳しく自分を見つめ、世俗化を嫌い、キリストとの霊的な交わりを求める生き方です。この書物が有名なあまり、イエスのように生きるということは、修道院に入り修道僧のようにこの世と離れて生きることだと考えてしまうかもしれません。しかし、人の生き方は、寿命の続く限り、自然にイエス・キリストに倣って生きていけるはずです。

「わたしについて来たい者は、自分を捨て、日々、自分の十字架を背負って、わたしに従いなさい。」

（ルカ九・二三）

これはイエスの言葉です。多くの人が、苦しみがより少ない人生を選ぼうとします。自分の子供には楽をさせようと考える親が多くいます。むしろ親は子に苦しみを背負って生きるように教えるべきではないでしょうか。イエスのように十字架を背負って生きる生き方が、最も自然な生き方だと思います。なぜなら、神が創造した人間は、罪の性質を持ってしまったからです。イエス・キリストは十字架の上で血を流し、人類の罪のあがないを遂げました。しかし、人間が肉体を持っている限り、罪の性質は影響力を残しています。また、悪魔が滅ぼされて無になるのは、最後の審判の後です。それまで、悪魔は生き続けています。今も悪魔は生きています。終末とキリストの再臨まで、人間は罪と戦い、悪魔と戦わなくてはなりません。そのため、人間は人生の中で生じる十字架を避けるわけにはいきません。すべての人が苦しみを背負います。それをイエスは「日々、自分の十字架を背負え」という印象深い言葉で言い表しました。

使徒パウロは、持病をもっていました。それは彼の十字架の一つでした。その持病が何であったかを聖書は語っていません。他の人の病を祈りによって癒したパウロが、なぜ自分の持病をいやすことができなかったのでしょうか。パウロは神がそれを癒してくれるように何度も祈りました。あるとき、神の声が聞こえてきました。それは、「**わたしの恵みはあなたに十分である。力は弱さの中でこそ十分に発揮される**」（コリントII、一二・九）というものでした。人は皆弱さを持っています。それは良いことです。弱さをもったままで生きて行かなければなりません。

生きている間に、人はさまざまな苦労に出会います。しかし、この世界を創造した神は、平和や喜びや義を持った神ですから、寿命の尽きるまで、人はこの世を生きて行くことができるはずです。

「神は真実な方です。あなたがたを耐えられない試練に遭わせることはなさらず、試練と共に、それに耐えられるよう、逃れる道をも備えていてくださいます。」

（コリントI、一〇・一三）

パウロと言う人は、人間の中で最も過酷な人生を歩んだ一人でした。彼は上記のような持病のほかに、海の難、野獣の難、人の難、生きる難に遭いました。万事休す、というような状況に陥ってもなんとかなりました。この世界は神が創造したものですから、空を飛ぶこうの鳥も、山鳩も、つばめも、渡る時を知っています（エレミヤ八・七）。どんなことが起こってもなんとかなります。神がそのようなものとして世界を創造したからです。人は生き抜こうとする本能を与えられ、神は人を最後まで生き抜くことができるように創造しました。どのような試練に出会っても神が助けてくれます。それを実践したのがパウロです。彼はキリストの教え通りに生きました。そして、当時のクリスチャンたちに、キリストのように生きるべきだと説いて回りました。

「わたしがキリストに倣う者であるように、あなたがたもこのわたしに倣う者となりなさい。」

（コリントⅠ、一一・一）

イエスは、この世に生きているとき、ただ神の国に生きている者のように生きただけでした。それ以外の生き方ができませんでした。人がイエスのように生きて行こうとしても、それはできません。なぜなら、イエスは神の子で、人は罪人だからです。しかし、人はイエスのように生きて行こうと努力することはできます。それでよいはずです。

世俗化が当たり前の現代において、キリストのように生きることがはたしてできるでしょうか。少しでも聖なる生活を語れば、四方八方から批判の矢が飛んできます。「そのような聖なる生活はできない。人間は動物なのだ」と言う人々が多くいます。「キリストのように生きる」のは、時代に逆行することなのでしょうか。人間の思いのままに生きることが、本来の人間の生き方なのでしょうか。けっしてそうではないはずです。人の生活を楽にしようとしたために、わずかの期間で、地球は異常気候を引き起こしてしまいました。核兵器により人類のほとんどが亡くなろうとしています。人間生活の発達は善だとしても、行き過ぎた世俗化は究極的に悪です。人間は楽を求めて生きようとすれば、必ずしっぺ返しを受けます。人間は苦しみと共に生きていく運命にあります。イエスは、それぞれの人間が自分の十字架を背負って生きるべきだと教えました。

愛の原理に沿って生きる

旧約聖書の律法には、「このようにしなさい」という教えが二四八個あり、「このようなことを決して行ってはならない」という教えが三六五個あります。イエス・キリストはこれら六一三個の教えを、二つにまとめました。

「心を尽くし、精神を尽くし、思いを尽くして、あなたの神である主を愛しなさい。
これが最も重要な第一の掟である。
第二も、これと同じように重要である。隣人を自分のように愛しなさい。」
（申命記六・五、レビ一九・一八、マタイ二二・三七―三九）

この二つのこと（神を愛し、隣人を愛する）を守って生きて行けば、人は神の子供としての生き方ができるはずです。しかし、この複雑な世の中で、神を愛そうとすることが、隣人を拒絶する結果になる場合があります。現代は世俗化という流れの中で、神を愛そうとすることが一層困難になりつつあります。なぜなら、世俗化とは人の思いのまま生きる生き方を求める傾向があるからです。

隣人を愛そうとすると、神の教えに背かなければならないことがあります。イエスはこのような矛盾が生じることを知っていました。それゆえ、何を第一に、何を第二にすべきかを明確に述べました。第一に神を愛し、第二に隣人を愛すべきです。神が天地を創造し、神がいなければこの世も人も存在しなかったからです。人間は神の教えを優先しなければなりません。また、前章のような創造者の性質に沿って生きることが、もっとも生きやすい生き方であるに違いありません。創造者の性質とは、愛、憐み、謙遜などです。

イエス・キリストは人間の生き方をいろいろと教えましたが、本書の目的である「死と天国」という観点からみると、人の生き方は、上記のように、二つに大きく分けて言うことができると思います。一つは、死ぬまで生き切ることであり、二つ目は、十字架を背負って、愛をもって、イエスのように生きることです。

第3節　葬式は生者のため

墓は本人のためのものではなく、結局、残された人々のためのものです。聖書の中で墓について詳しく語られているのは、旧約聖書の父祖たち（アブラハム、イサク、ヤコブ）の墓についてです。彼らは遊牧民でしたから、自分の土地を持っていませんでした。アブラハムは妻サラの死に際して、近隣の他民族の土地を墓地として購入しました。他民族の人も、事情を了解して、快く売ってくれたと記されています（創世記二三・四―二〇、五〇・一三）。

三代にわたる父祖たちの遺体も、その子供たちによって葬式が営まれ、同じ所にある墓に埋葬されました。父祖の一人ヤコブは、異国（エジプト）に寄留していた時代に死にました。ヤコブは、子であるヨセフに、祖父母と父母が眠る墓の隣に埋葬してくれと言い遺しました。息子ヨセフは、その頃、エジプトの高官になっていましたから、十一人の兄弟と共に、戦車や騎兵を伴い、何日もかけて先祖の土地まで旅をして、父の遺体を埋葬しました。その葬列は非常に盛大な様子で、沿道の人々は「エジプト流の盛大な儀式だ」と驚いたと書いてあります（創世記第五〇章）。子供たちはときどき墓地を訪れたかもしれませんが、何百年も経てば、その墓のことは忘れ去られます。今では、四千年も前のことですから、誰にもその場所が分かりません。つまり、墓はその故人を知っている人々にとってのみ意味のある場所です。知っている人々が多い人だった墓でも、いずれ無くなるでしょう。

あなたは、宇宙葬というのを知っていますか。大きくて強い気球と共に遥か上空まで飛ばし、自然に破裂させ、骨粉がどこかに消えていきます。骨粉というのは、あの火葬場の骨をさらに粉砕して、非常に微細な骨粉にしたものです。

ある人は海に散骨します。そのまま骨を海に投入しようと思えばできますが、法律に触れる可能性があります。骨のままですと〝事件〟になってしまいます。やはり骨紛にしなければなりません。骨粉を海の上にまけば、一面が白くなり、十メートル四方にも広がります。やがてそれも消えます。

ある人は山にこっそり遺骨を持って行き、どこかに埋めてあげます。〝こっそり〟するのには訳があります。日本では、遺骨は「埋葬許可証」がないと埋めるわけにはいきません。（通常、火葬場がその許可証を遺骨箱の中に入れておいてくれます。）どこかに勝手に多くの骨を埋めれば、それは事件になりかねないからです。勝手に海やどこかに埋葬した場合、残ってしまった「埋葬許可証」をどうするのでしょうか。そのままいつか忘れ去られます。

樹木の周りに埋める遺族もいます。遺骨を大地に還すためです。日本では、すべて許可が必要です。どのような形式の埋葬でも、すべて生きている人々がします。この世は生きている人の世であり、死んだ人の世ではないからです。死ねば、普通の人は、年月と共に社会から忘れ去られます。人間はなんとむなしいものでしょうか。葬式はそのようにはかない人間の別れの儀式です。

「神は愛なり」に基づいて行われる葬式

一体、どのような人が、天国に招き入れられ、あるいは裁かれ、最後には無になるのか、人が決めることはできません。

「高い所にいるものも、低い所にいるものも、他のどんな被造物も、わたしたちの主キリスト・イエスによって示された神の愛から、わたしたちを引き離すことはできないのです。」

（ローマ八・三九）

ここで言っている「高い所、低い所」とは、神の国や地上や陰府《よみ》の国を指していると考えられます。すなわち、この聖書の句は、神がすべての領域を十字架の愛によって支配していることを高らかに謳いあげている聖書箇所です。十字架上で示された神の愛は、すべての被造物に及ぶことを言っています。

「私は赦されない罪を犯してしまった」と考えている人にとっては、神が愛の性質をもっているという聖書の教えは、慰めになります。「私のような者でも、ひょっとしたら天国に入れてもらえるかもしれない」と。もし、人が神の裁きばかりを見ているならば、この地上に生きている人は、みな地獄に落とされると思うかもしれません。聖書は、どのような人が天国に行くことができるか、またできないかについて、すべて神の大権の中にあると教えています。最終的な結末は、この世が終末を迎え、イエスが再臨してくるときに示されるというのが聖書の語るところです。したがって、人はイエス・キリストの十字架の愛にすがって生きて行くところに救いがあります。

神の愛を信じて、神の手に自分をゆだねて死んでゆくことだけが、人間として言えることだと思います。最期の時に、「自分はイエス・キリストを信じて生き切った」という者は、神の国にふさわしくないと思います。「わたしは神の国にふさわしい者ではありません。神の御心であれば、この罪人を救ってください」と言うべきではないでしょうか。

第一章の「死」のところで語ったように、イエスは十字架上で死んだ後、天国ではなく陰府《よみ》の世界の死者たちが住む所へ行き、そこで住人である死者たちに福音を語りました。聖書は、「地上にいてキリストを信じなかった人々は皆裁かれて地獄に行く」と語っているわけではありません。聖書を読む限り、たとえば筆者の先祖、いえ全世界の過去の人々でキリストを知らなかった人々も、死後福音を聞く機会が与えられているということです。これは単なる期待ではなく、聖書を読む限り、イエスが陰府《よみ》の世界にまで行ったことが何よりの証拠です。このことを信じて、信者でも未信者でも、もし遺族が望むなら、キリスト教の葬式をするのがキリストの教えにふさわしいのではないでしょうか。

「神は、その独り子（キリスト）をお与えになったほどに、世を愛された。独り子を信じる者が一人も滅びないで、永遠の命を得るためである。」

（ヨハネ三・一六）

この聖句では、前半に、神は「世を愛された」とあります。ですから、教会はキリストの愛を信じて、遺族から依頼されれば、信者・未信者にかかわらず葬式を行わなければならないと思います。「葬式は亡くなられた方を中心に思って行われなくてはならない」と言うのをよく聞きます。だれもそれに反論することができません。葬式について反論でもすれば、世間知らずの人間と思われてしまいます。死者を畏れ敬う気持を誰もが持っています。そのため、どんな形式の葬式でも、それに文句を言う人はいません。亡くなった人の意向を受けて葬式は行われますが、必ずしも亡くなった人の意向通りになるとは限りません。最終的には、生きている人が葬式を行います。

ある人の葬式は国葬として盛大に行われ、ある人は火葬場の片隅で一人の遺児によって寂しく営まれます。葬式はこの世の出来事です。葬式はこの世との関係の中で行われます。通常、葬式には二十名から六、七十名の参列者がいます。もっと少ない場合も多くあります。普通の人間は、おおよそ六、七十人の人間関係の中で生活しています。若い人が亡くなると、参列者は多くなります。有名であった人でも、高齢になると、知っている人が少なくなり、参列者もわずかになります。社会的な活動の広かった現役の人の葬式の場合、三百人も参列者が来ます。ある場合は、会社で働く人を動員して五百人もの参列者がいます。その中には、数日前に入社した人で故人に会ったことのない人もいます。多くなれば多いほど盛大そうな葬式に見えます。しかし、亡くなった人をよく知っている者は、参列者が多くなればなるほどに、人間社会の裏側を見るようで、ますます人間の哀れさを思うかもしれません。葬式は生き残っている者の出来事です。

密葬とは、多くの場合、家族だけで行われる葬式です。しかし、一人でも、うっかり知人に打ち明ければ、たちまち人々に広がり、もはや密葬ではなくなります。筆者は、死んだら普通に葬式をすることが人間として当然のことだと思っています。人間はこっそり死んで行けません。一人の人の死は、事実として人々に知られるべきだと思います。

葬式は、残された家族の問題です。なぜなら、人は家族と深いつながりの中で生まれ、生き、そして死んでゆくからです。神はそのような者として人間を創造しました。どれほど親しい友人でも、家族以外に葬式に関して口を出すことはできません。無二の親友も、口出しをしてはならないと思います。例外を除いて、葬式は家族のものです。

葬式は、各家庭の案件ですから、聖書では、各家庭で行われています。新約聖書の時代、まだ今のような教会堂は存在しませんでしたし、今の団地の集会所のような所もありませんでしたから、家庭で行われました。葬式の場所は、適当な所であれば、どこでもよいと思います。葬式も一種の礼拝式ですから、教会堂を用いることに問題はありませんが、もっともふさわしいのは、残された家族や故人が住み慣れた家庭の中で行うことだと言えるのではないでしょうか。葬式は人間の営みであり、成人式や結婚式、また人生の大きな節目になされる個人的な出来事の一つです。個人的な生活関連行事は、各個人が各家庭で行えばよいことです。この説明は、葬式を教会堂で行ってはいけないと言おうとしているのではありません。また、礼拝以外のことを教会で行ってはならないと言っているのでもありません。ただ、葬式はその家庭の案件だと理解してほしいのです。公的な礼拝と私的な行事の違いを明確に述べているだけなのです。

家族がすべて亡くなってしまった人もいます。その場合には、誰か知人に葬式を依頼しておくことができます。そのような人がいない場合でも、人は死にます。公の機関が手配してくれます。そのような葬式が多くあります。

葬式は、遺体を大地に還すことです。もし葬式に儀式があるとすれば、「埋葬の儀式」があるだけのはずです。たとえお別れの儀式（たとえば日本の葬式）を個人の家や教会堂で営んだとしても、それは埋葬の式の一部にすぎないはずです。遺体を土に返すことが遺族の務めです。この点で、日本では、どこかの会場で儀式が行われることを「葬式」と呼び、納骨を日をあけて遺族だけでひっそり行う場合が多いと思います。よく考えてみれば、日本の葬式は「土に還す」儀式の一部に過ぎないことですのに。

葬式の習慣は、地方によって異なります。葬式の形式は、宗教、気候、地形、社会事情によって形作られます。葬式の形態は、むやみに変更することができない場合があり、不必要な習慣はやがて消えてなくなります。現在の日本の葬式は、前夜式と告別式に分けられている場合が多くあります。それぞれ独立した意味がありますが、現在では、参列者がどちらかに参列できる便利さへと変わりつつあります。あるいは、「コロナ禍」によって、ただ一つだけの儀式になりつつありますが、それがはたして定着してゆくのでしょうか。

葬式は、ごく普通に行うことが大切だと思います。多くの人々を集めようとすることは異常なことです。故人の死亡を通知すべき人に、葬式の日程が決まってから通知し、粛々と行われるのが葬式としてふさわしいことだと思います。

葬式は、深く考えすぎず、また、まったく考えないのはいけないと思います。なぜなら、人は皆死ぬからです。死は一瞬です。それに比べ生は長い時間があります。それをどのように生きるかを考えなくてはなりません。イエス・キリストは、死について多くを語らず、いかに生きるかを語りました。それは死を軽視しているのではなく、生を重視していたからだと考えられます。

イエス・キリストは、「隣人を愛して生きてゆくように」と教えました。葬式について言えることは、遺族は愛に基づいて葬式を行い、知人も愛に基づいて別れを行ってあげることが大切だと思います。それがキリストの教えに基づいた葬式だと思います。したがって、葬式において、死人の悪口をけっして言わないことです。死人にとって、この世はすでに終わりました。

遺体のままであろうが、火葬にして骨だけにしたとしても、日本の葬式は、何人の人々が参列したとか、大勢の人々による盛大な式であったとか、どんなに偉い人々が参列したとか、参列者への返礼をどうするか、参列者への接待をどうするか、などなどが大きな問題になっています。そのような習慣は、なんという愚かなことでしょうか。骨にしてから埋葬するか、遺体を風化させてから埋葬するか、はたまた川に流すかなどのいろいろな方法は、その地域や時代の習慣の中で作られてきたものにすぎません。

筆者が子供のころ、丸い桶の中に水を張り、そこに遺体を入れて埋葬する習慣が残っていました。その頃は、日本の人口が多くなく、埋葬するための土地が十分あったと考えられます。今、都会の中で、それを行うことはほとんど不可能なことです。骨だけにして小さくしなければ、墓地を作ることができません。今、生きている人が、社会事情の中で、埋葬方法をどのようにするかを考えます。たとえ「私の遺体は、このようにしてほしい」、と遺言を残しても、そのようになされる保証はありません。最後は、生き残っている人々の手にゆだねられています。しかし、どのような埋葬の方法が採られても、遺体は骨となり、何十年か何百年か後には、やがてとけて土に還ります。

亡くなった人は、その人を知っている人々によってだけ、心に残ります。亡くなった人を知らない人々にとっては、ほとんど関係のない人として忘れ去られます。亡くなってすぐの頃は、故人のことがより強く心に残りますが、年月と共に風化されていきます。何十年も何百年も経てば、亡くなった人がこの世に存在したことすら完全に忘れ去られます。何世代も続く墓地があったとしても、いつかそれも忘れ去られます。先祖の墓を閉じることは、善悪の問題ではなく、自然の理に従っているだけのことです。死者は天国か陰府《よみ》（死者）の世界に行き、生きている人は自分が生きている間だけこの世と関係します。

記念式（追悼式）について

「（父祖の一人）ヤコブは、彼女（愛妻ラケル）の葬られた所に記念碑を立てた。」

（創世記三五・二〇）

死んだ人々の記念の仕方も、生きている人々にとっての問題です。死んだ人々が、いつまでも記念してほしいと思っているかどうかを、どのように知ることができるのでしょうか。

生き残った人が、墓地に行き、そこで故人を記念することはあり得ることです。仮に、墓地に行かなかったとしても、何か問題があるのでしょうか。記念するということは、その人の心の中だけにあることです。毎日墓に行く人も、毎日心で故人を思っている人も、同じだと思います。「死んだ人々は、死んだ人々に任せておけばよい」（「死んでいる者たちに、自分たちの死者を葬らせなさい。」ルカ九・六〇）というような言い方は、他人の思いを踏みにじるような言動だと言って非難する人がいます。しかし、そのように非難する人は、かえって自分の考えを他人に押し付けていることになります。

生き残っている人が言えることは、自分が神を信じて死んでゆくことだけです。死んだ後の儀式は、生き残っている人々の問題です。これらのことを理解した上で、生き残っている人々は、故人をしのんで、なんらかの祈りを、故人ではなく、神にささげます。それらを総称して記念式と呼んでいます。

現代社会では、他の宗教に対して尊敬を表すために、自分が信じていない宗教でも必要に応じて公の儀式に「参列」します。それはその宗教の信仰を是認しているわけではありません。礼儀上の尊敬を示しています。問題は、儀式の中に無理やり信仰の内容にまで踏み込ませる行為を参列者にさせることです。その儀式の主催者は、この点に関してけっして行き過ぎがないように気を付けなければならないと思います。花をささげる程度のことは、多くの人々に是認されていますが、無理やり経典を読ませたり、「アーメン」と唱和させる行為は行き過ぎだと思います。

旧約聖書において、ナアマンという異教徒の将軍が、聖書の神（ヤハウェ）を信じるようになった箇所があります。そのとき、ナアマン将軍は、「自分の国に帰ってからも、私はヤハウェを礼拝しますが、王さまが異教の神に礼拝をささげるときに、王の介添えのため、ひれ伏さなければならないが（外見では自分も異教の神を礼拝しているように見える）、そのことだけはお許しください」（列王記下五・一八、大意）と言っています。その良し悪しを語っていませんが、認められているように書いてあります。

また、新約聖書において、異教の神々にささげられた「供え物」（食物）を食べることに関する是非が語られている箇所があります（コリントI、八・七－一三）。食べる本人が何も問題を感じないなら食べてもよいと書いてあります。それを見ている人々の中に一人でも疑問を感じる人がいると思われる場合には、その疑問を感じる一人の人を愛するために食べるのを控えた方がよいと書いてあります。大切なことは、形式的なことではなく、一人一人の心です。聖書の神は、貧しい人も富める人も、弱い人も強い人も、病弱な人も健康な人も、一人一人の心を見ています。

むすび

何ごとにつけても、聖書が何を語っているかということはとても大切なことだと思います。筆者は、「死と天国」について聖書の教えていることに焦点を絞って考えてきました。

「死」についていえば、それは神の御手の中にあることで、人がとやかく言える分野ではないということです。人間は神によって土の塵から造られました。そのような塵のかたまりに過ぎない人間は、愚かな弱い生き物です。神には人の知らないことが無数と言ってもいいほどにあります。神のもとには、人間にとって「隠されている事柄」がたくさんあります。人の死はその一つです。人は自分がいつ死ぬのか、どこで死ぬのかを知りません。考えてみれば、人が自分の死について何も知らされていないということは、神の恩情あふれることだと思います。人は死ぬまで生きるのみです。

「神の国」（天国）についていえば、聖書は多くを語っていません。神の国は地上と全く異なったところであり、地上の人に地上の言葉で説明できないからです。神が人に死を納得させ、天国を確信させようとするならば、一人の人に死を経験させ、生き返って来た姿を見せる以外にありません。それがイエス・キリストの十字架の死と復活でした。

キリストの復活だけが人の希望です。新約聖書はこの福音を宣べ伝えている証言の書物です。

十二人のイエスの弟子たち、また使徒パウロや他の新約聖書の著者たちは、「イエスは本当に復活した」と証言しています。今になって、それを証明するものがあるのかと尋ねられれば、聖霊がそれを証明していると答える以外にありません。キリストが復活したように、人は死んでも神の国（天国）に復活します。

聖書は人がいかに生きるかを語っています。人は、神を愛し、隣人を愛して生きてゆくべきです。より具体的に言えば、イエスのように生きることが人の生き方であると教えています。最期の一息まで一生懸命にイエスのように生き、神の御手に委ねて死んで行くのが幸いな一生であると言えると思います。

あとがき

わたしは四年ほど前に狭心症と診断され、ステントを二本挿入しました。八十歳を前にして自分の死について考えることが多くなってきました。牧師を長く勤めてきた関係で、死について考える機会は、他の人より多くあったかもしれません。病人への見舞い、カウンセリングなども行ってきました。葬式は二百件以上も執り行いました。隠退して、もう六、七年経ちます。その間、牧師をしていた友人を幾人か天に送りました。「死と天国」については、身近な問題でしたから考え続けていましたが、今このような形で書物にして出すとは思ってもいませんでした。コロナ禍が起こり、一年間以上経ちました。その時期に執筆を合わせたわけでは、けっしてありません。たまたま外出できなくなった期間に、この書をまとめました。

参考にした書物は、ただ『聖書』だけでした。もし、それに加えるとしたら、五十年以上も務めて来た牧師という経験だけです。このような書物を書く資格はまったくありません。

お読みくださる方がおられましたら、ぜひご意見をお聞かせくださいますと幸いです。わたしの誤解や間違いが多々あると思いますので、ご指摘いただきたいと思います。また、小林久実牧師、鈴木光牧師、高田和彦牧師に原稿を一度読んでいただき、貴重なご意見をいただきました。感謝申し上げます。

著　者

二〇二一年秋

鈴木崇巨（すずき・たかひろ）
1942年三重県生まれ。東京神学大学修士課程修了、米国南部メソジスト大学卒（修士）、西部アメリカン・バプテスト神学大学卒（博士）。日本キリスト教団東舞鶴教会、田浦教会、米国合同メソジスト教団ホイットニー記念教会、銀座教会、頌栄教会、聖隷クリストファー大学で牧師として働き隠退。
著書に『牧師の仕事』（教文館、2002年）、『キリストの教え』（春秋社、2007年）、『礼拝の祈り』（教文館、2014年）、『一年で聖書を読破する。』（いのちのことば社、2016年）、『聖書検定公式テキスト』（聖書検定協会、2017年）、『福音派とは何か？』（春秋社、2019年）など多数。

聖書の「死と天国」

2021年11月20日　第1刷発行

著者――――――鈴木崇巨
発行者―――――神田　明
発行所―――――株式会社 春秋社
〒101-0021 東京都千代田区外神田2-18-6
電話03-3255-9611
振替00180-6-24861
https://www.shunjusha.co.jp/
印刷――――――株式会社 太平印刷社
製本――――――ナショナル製本 協同組合
装丁――――――河村　誠

Printed in Japan, Shunjusha
ISBN978-4-393-32393-9
定価はカバー等に表示してあります

鈴木崇巨の本

キリストの教え
信仰を求める人のための聖書入門

クリスチャンは聖書をどう読むのか？　四〇年にわたり、町の教会の牧師として様々な人と信仰について語り合ってきた著者がつづる聖書の世界。キリスト教の霊的信仰の神髄。　１９８０円

韓国はなぜキリスト教国になったか

今や世界最大のキリスト教国、韓国。なぜそうなったのか。今後どのような方向に進むのか。真の和解と友好を目指し、信仰の点から韓国の歴史と精神性を解き明かした貴重な書。　２４２０円

福音派とは何か？
トランプ大統領と福音派

トランプ大統領誕生の立役者で米国政治のキャスティング・ボートを握る福音派とは？　政治的視点から語られがちな福音派を、キリスト教の歴史と信仰に寄り添いつつ徹底的に解説。　１９８０円

▼価格は税込（10％）。